ENWAU CYMRU AC
ENWAU'R CYMRY

Enwau Cymru
ac Enwau'r Cymry:

y berthynas annatod
rhwng y wlad a'i phobl

D. Geraint Lewis

Gwasg Carreg Gwalch

Argraffiad cyntaf: 2020

ⓗ testun: D. Geraint Lewis 2020

Rhif Llyfr Safonol Rhyngwladol:
978-1-84527-752-9

CYNGOR LLYFRAU CYMRU

Cyhoeddwyd gyda chymorth Cyngor Llyfrau Cymru

Cyhoeddwyd gan Wasg Carreg Gwalch,
12 Iard yr Orsaf, Llanrwst, Dyffryn Conwy, Cymru LL26 0EH.
Ffôn: 01492 642031
e-bost: llyfrau@carreg-gwalch.cymru
lle ar y we: www.carreg-gwalch.cymru

Argraffwyd a chyhoeddwyd yng Nghymru

I Cynan

*y lluniwyd y casgliad i'w rieni cyn iddo gael ei eni
un mlynedd ar ddeg yn ôl*

DIOLCHIADAU

Mae'r casgliad hwn yn ganlyniad i gyfuno dwy o'm cyfrolau blaenorol, cyfrol fach Saesneg *Welsh Names* a *Y Llyfr Enwau: enwau'r wlad* Gwasg Gomer.

Rwy'n ddiolchgar i'm cyfeillion Dafydd Thomas ac Alan Morris yng Ngheredigion a'r Dr Gwynne Jones yng Ngwynedd, a gynhyrchodd imi restri o enwau cyntaf (heb gyfenwau) o blant ysgolion cynradd eu siroedd. Un o ganlyniadau'r arolwg oedd sylweddoli cynifer o'r *ail* enwau bedydd oedd yn gysylltiedig â thir Cymru (bro, afon, mynydd, tref etc.) – Huw Ceiriog; Mary Eiddwen.

I Delyth fy ngwraig am ei gofal yn cywiro testun cyfrol o enwau Cymraeg yr argraffwyd un copi ohoni yn gymwynas imi gan John Lewis Gwasg Gomer;

ac i Wasg Carreg Gwalch am y cyfle i wireddu'r breuddwyd o greu 'onomasticon', geiriadur o enwau priod, sef enwau personol ac enwau lleoedd, a'i gofal gyda thestun digon dyrys, ond am unrhyw fai neu wall a erys, fy eiddo i ydynt.

D. Geraint Lewis
Llangwrddon
Haf 2020

Nodaf brif ffynonellau enwau personol Cymraeg:

Trioedd Ynys Prydain gol. Rachel Bromwich
A Welsh Classical Dictionary Peter C. Bartrum a
Welsh Surnames T.J. Morgan and Prys Morgan

Cynnwys

RHAGAIR

Ynys-y-bŵl ac Ynys-y bwl

Mae'r gyfrol hon yn deillio o'r ffaith imi gael fy nghodi yn Ynys-y-bwl, pentref bach glofaol, diarffordd, yn un o gymoedd y De.

Ynys-y-bŵl oedd enw'r hen bentreflan wreiddiol â'i thafarn, efail y gof, melin a siop ynghyd â dau neu dri bwthyn, yn gwasanaethu casgliad gwasgaredig o ffermydd.

Daeth yr Ynys-y-bwl newydd i fodolaeth wedi i David Davies Llandinam ddarganfod gwaddod o lo yng Nghwm Clydach a chodi pentref i gartrefu yr holl weithwyr oedd eu hangen i gynnal pwll glo y Lady Windsor – gweithwyr oedd yn dianc rhag tlodi gefn gwlad Cymru i ennill cyflogau yn y pwll.

Pentref ynysig oedd hwn, dim ond ar ôl imi fynd i'r coleg y dysgais nad pob pentref yng Nghymru oedd yn cynnal, er enghraifft, Gymanfa Ganu ar ddydd Nadolig. A dim ond ar ôl gadael y coleg deuthum i sylweddoli cymaint oedd cyfoeth enwau Cymraeg fy nghyfoeswyr, mewn pentref erbyn hynny oedd yn Saesneg ei iaith ac eithrio yn y capel ar y Sul. *Rhiannon* oedd enw fy chwaer, ac yn yr un stryd, *Gwlithyn, Gwyddfid, Glyndwr, Teifi, Llywela, Gomer, Teifion.* Cyfoeswyr yn y capel oedd *Alwyn, Egryn, Tecwyn, Buddug, Llinos, Eirianwen,* a'm perthnasau wedyn, *Elwyn, Emlyn, Eluned, Gurwyn* ac *Aelonwy.*

Doedd dim o'r fath beth â 'brodorion' Ynysybwl. Daeth y pentref i fodolaeth yn sgil darganfyddiad David Davies a chodwyd y pentref newydd dros nos yn 1885 i gartrefu'r llu o weithwyr a dyrrodd o gefn gwlad Cymru. Ceir syniad o'r ardaloedd yn y llysenwau a ddefnyddiwyd i wahaniaethu rhwng yr holl John Jones' William Williams' ac Evan Evans' a ymfudodd i'r Klondike newydd yma (gw. yr Atodiad).

Enw fy nghefnder 'Gurwyn' a sbardunodd y syniad ynof – nid wyf wedi dod ar draws yr enw Gurwyn yn unman yn y trigain mlynedd ers hynny. Roedd Wncwl Harri wedi dod o Wauncaegurwen i weithio yn y pwll. Fel datganiad o'i hunaniaeth, enwodd Uncle Harri ei fab ar ôl ei bentref genedigol – ond, ni allai Cymro Cymraeg alw ei fab yn *Gurwen* rhaid felly oedd ei newid i 'Gurwyn'. Yn yr un ffordd nad oedd yn bosibl i enwi bachgen *Eiddwen* – Llyn y Mynydd Bach lle rwy'n byw nawr – ac fe'i henwyd felly yn *Eiddwyn*.

A dyma'r patrwm a fabwysiadwyd gan lawer o newydd-ddyfodiaid y pentref, sef gosod ar gof a chadw eu hunaniaeth frodorol drwy gyfrwng enwau eu plant – (Llan)*Egryn*, (Llan)*Tecwyn*, (Aber)*Teifi*, (Caer)*Myrddin*, (Castell Newydd) *Emlyn*, *Meirion*(ydd).

Y Wlad a'i phobl – Cymru/ Cymry

Dysgais fod William Salesbury – un o ladmeryddion y Dadeni Dysg yng Nghymru – yn ei waith cyfieithu a geiriadura yn yr 16eg ganrif, wedi cofnodi'n ddamweiniol *Cymru* yn sillafiad ar enw'r wlad a *Cymry* yn enw ar bobl y wlad. Cyn y camgymeriad pellgyrhaeddol hwn 'Cymry' oedd enw'r wlad a'i phobl.

Mae'r enw 'Cymro' yn gyfuniad o *'cym-'* 'fel yn *cymdeithas*, *cymydog*' a *'bro'*, *Cymro* felly oedd rhywun yn perthyn i'r un fro a'i gyd-Gymry, ac rwyf wedi dod i'r casgliad bod perthynas annatod rhwng 'Cymry' y wlad a'i phobl, mewn ffordd nad yw'n digwydd yn Saesneg.

Crefydd – Cristnogaeth Geltaidd

Wrth imi fynd ati i gasglu enwau-lleoedd Cymru, un o'r pethau amlycaf yw'r holl enwau personol a geir mewn enwau lleoedd yn dechrau â 'Llan'. Rhestrir rhyw 180 ohonynt yn fy *Llyfr Enwau*.

Mae'r enw 'Sant' yn Gymraeg yn cael ei arfer ar gyfer plant teuluoedd brenhinol a fu'n genhadon cynnar yn lledaenu neges Iesu Grist. Yr oedd y gwaith yma yn digwydd cyn i'r iaith

Gymraeg, esblygu o'r Frythoneg, ac yr oedd Celtiaid Iwerddon, Cernyw, Llydaw a'r Hen Ogledd yn deall ei gilydd. Mae enwau'r un saint yn ymddangos yn y gwledydd hyn.

Y Beirdd a'r Traddodiad Barddol

Un o drysorau pennaf y Gymraeg yw ein traddodiad barddol. Mil pum cant o flynyddoedd yn ôl yr oedd y *Cynfeirdd*, Aneirin a Taliesin, yn feirdd i frenhinoedd, yr oedd y *Gogynfeirdd* fel Cynddelw (Brydydd Mawr) a Llywarch ap Llywelyn (Prydydd y Moch) yn feirdd i dywysogion, a'r *Cywyddwyr* fel Dafydd ap Gwilym ac Iolo Goch yn feirdd i'r Uchelwyr.

Nid ar chwarae bach oedd bod yn aelod o Urdd y Beirdd. Bu raid bwrw prentisiaeth a graddio gam wrth gam.

Yr oedd gan Urdd y Beirdd nifer o swyddogaethau heblaw canu mawl ar achlysuron arbennig, rhestrir tri o'r rhain yn *Tri Chof Ynys Prydain* –

yn gyntaf *i ddiogelu gloywder yr iaith Gymraeg*,
yn ail *i gadw ar gof gampau arweinwyr ac arwyr Cymru*
ac yn drydydd *i gofnodi a chadw ar glawr, achau teuluoedd brenhinol a bonedd y Cymry.*

Bu raid i brentis fardd wybod cynnwys y casgliad o enwau'r arwyr fel y rhai a nodir yn *Trioedd Ynys Prydain* er mwyn medru tynnu cymariaethau teilwng rhwng y gwrthrych cyfoes a hen arwyr y gorffennol. Er enghraifft, yn un o'r cerddi hynaf sydd gennym yn Gymraeg, y mae Aneirin, bardd *Y Gododdin*, yn dweud am un o'r milwyr ifainc a laddwyd yn y frwydr *'lladdai frain du (gelynion) ar fur caer, er nad Arthur mohono'*. Hwn yw'r cyfeiriad cynharaf at yr arwr a ddaeth ymhen amser y *Brenin Arthur*.

Byddai raid i'r prentis fardd hefyd fedru llunio achresi teuluol yn dangos perthynas ei noddwyr â'r brenhinoedd, tywysogion a'r teuluoedd bonedd a fu. Yr oedd gan aelodau o Urdd y Beirdd wybodaeth 'wyddoniadurol' am enwau'r Cymry.

Cyfraith Hywel a'r Cyfreithiau Cymreig

O dan hen drefn Cyfraith Hywel, byddai tir yn cael ei rannu'n gyfwerth rhwng meibion teulu yn dilyn marwolaeth pennaeth y teulu.

O dan drefn felly yr oedd yn bwysig gwybod pwy oedd y meibion ac i'r perwyl hynny rhoddwyd iddynt enw eu tad yn gyfenw, *Dafydd fab Hywel*, *Gwilym fab Ifan* a droes drwy hir arfer yn *Dafydd ap Hywel* a *Gwilym ab Ifan*.

Ond, yn dilyn y Deddfau Uno (1536 – 1543) Cyfraith Loegr a ddaeth i rym, ac yn ôl y drefn newydd, y mab hynaf mewn teulu a fyddai'n etifeddu eiddo pennaeth y teulu. Yr enw pwysig yn awr oedd yr enw teuluol, gan mai dim ond un aelod o'r teulu a fyddai'n etifeddu'r cyfan. Bu raid gollwng yr hen drefn o enwi yn ôl y tad a chreu cyfenwau newydd – Ifans o Ifan, Owens o Owen, Howells o Hywel – a galwyd pawb oedd ar ôl yn Jones!!

Gwelir olion o'r hen drefn yn y ffordd y daeth Bevan o *ab Ifan*; Bowen o *ab Owen*; Price o *ap Rhys*, Pritchard o *ap Rhisiart*, (gw. t. 171-2).

Yr oedd arfer arall yng nghefn gwlad, arfer sydd wedi para hyd y dydd heddiw ac sy'n clymu'r Cymro wrth dir ei wlad trwy gysylltu enw'r person ag enw ei fferm neu gartref:

Maria Jane Williams *Aberpergwm* casglydd caneuon gwerin
Catrin o *Ferain* pen nifer o deuluoedd bonedd y Gogledd
Twm *Carnabwth* un o arweinyddion Merched Beca
Alun *Cilie* bardd
Owen Edwards *Coed-y-pry* addysgwr
Ann Griffiths *Dolwar Fach* emynyddes
Jac *Glan-y-gors* bardd dychan
George Owen *Henllys* hanesydd
Dr John Davies *Mallwyd* ysgolhaig
Guto *Nyth-brân* rhedwr
William Williams *Pantycelyn* emynydd
Sioni *Sgubor-fawr* un arall o arweinyddion Merched Beca
Bob *Tai'r Felin* canwr gwerin

Siân Owen *Tŷ'n-y-fawnog* testun y llun 'Salem' gan Curnow Vosper

Dafydd *Y Garreg Wen* telynor

Elis Wynne *Y Lasynys* llenor

Hedd Wyn *Yr Ysgwrn* bardd a milwr

Mae'r traddodiad yn dal yn fyw yng nghefn gwlad lle ceir enwau fel *Bet Tŷ'n Ddraenen*; *Moc Llwynbedw*; *Idris Penrhewl*.

Yn ôl at y beirdd eto, gyda chynifer o feirdd â'r enw John Jones, David Davies ac ati bu raid cael ffordd i wahaniaethu rhyngddynt. Dyma'r 'enw barddol' yn seiliedig yn aml ar enw bro'r bardd – 'Nantlais' Williams, 'Gwenallt' Jones, 'Talhaiarn' ac yn y blaen.

Arfer cyfoes yw gollwng y cyfenw Saesneg a defnyddio'r ail enw yn gyfenw Cymraeg – *Dafydd Iwan* (Jones), ac yn aml iawn, fe all yr ail enw fod yn enw lle – *Hywel Teifi* (*Edwards*), *Bryn Terfel*, *Shân Cothi*.

Mae'r enwau *Teifi*, *Tawe*, *Tâf* (*Taffy*), *Tafwys*, *Tame* yn enwau sy'n tarddu o gyfnod hŷn na'r famiaith Indo-Ewropëeg, sy'n dal i glymu Cymro cyfoes wrth dir hynafol ei wlad.

Enwau Cymry cyfoes yn cofnodi hen bethau diflanedig o gyfnod cyn dechrau hanes.

Enwau'r Cymry

(*g* = enw bachgen *b* = enw merch)

Enwau sydd wedi goroesi o'n hen, hen hanes fel cenedl ac yn achos enwau duwiau Celtaidd a llwythau a theyrnasoedd brenhinol y Brythoniaid enwau o gyfnodau cyn bodolaeth Cymru. Ac yn yr enwau'r afonydd *Taf, Tafwys, Tawe, Tame, Teifi* enwau o oes cyn-hanesyddol pan oedd rhewlifoedd yr Oes Iâ yn cilio a theithwyr o'r cyfandir yn croesi yn eu cychod i'r tir newydd ac yn defnyddio'r brif afonydd i gael mynediad i'r wlad.

A

Abel *g*
Mab *Adda* ac *Efa* a laddwyd gan ei frawd *Cain*; ceir ei hanes yn y Beibl.

Abram *g*
Enw o'r Beibl. ***Abraham***

Acsa *b*
Enw o'r Beibl. ***Achsa***

Actwn *g*
Yn chwedlau Gwlad Groeg ef oedd yr heliwr a welodd y dduwies Diana yn ymdrochi'n noethlymun. Yn ei dicter, newidiodd hi ef yn garw ac fe'i helwyd a'i ladd gan ei helgwn ei hun. ***Actaeon***

Achelarwy *g*
Prif arwr y Groegiaid yn y rhyfel yn erbyn Caer Droea.

Oherwydd bod ei fam wedi'i drochi yn afon Stycs pan oedd yn faban, nid oedd unrhyw arf yn gallu'i niweidio, ac eithrio yn y man na chyrhaeddodd y dŵr, sef ei sawdl, lle y gafaelodd ei fam ynddo. Yn ei sawdl y trawyd Achelarwy gan saeth wenwynig a'i lladdodd, wedi iddo ennill brwydr fawr yn erbyn gwŷr Caer Droea. *Achilles*

Aderyn gw. **Deryn**

Adwen *b*
Un o bedair merch ar hugain *Brychan* y brenin yr enwyd Brycheiniog ar ei ôl. Santes Geltaidd a nawddsant eglwys yng Nghernyw. Gall 'wen' olygu 'cysegredig' neu 'fendigedig'.

Adda *g*
Yn y Beibl, y dyn cyntaf a grewyd gan Dduw. Crewyd gwraig iddo sef *Efa* a bu'r ddau yn byw am ryw hyd yng Ngardd Eden. *Adam*

Addaon *g*
Addaon neu Afaon fab *Taliesin* sy'n ymddangos yn yr hen destunau. (gw. dan **Afaon**).

Addien *b*
'hardd', 'tirion'

Addwyn *g*
'hardd', 'lluniaidd'.

Aearddur: Aerddur *g*
Dyma enw ar un o deulu Owain Gwynedd. (gw. hefyd **Arddur**)

Aedd *g*
Aedd Mawr, tad Prydain, y gŵr a roddodd ei enw ar yr Ynys yn ôl rhai o'r hen achau. Efallai dyma *Addedomarus* tywysog y Brythoniaid o'r ganrif gyntaf OC y ceir rhai darnau arian a'i enw arnynt.

Aeddan *g*
Un o ddisgyblion *Dewi Sant* a sefydlodd fynachlog yn Iwerddon

ond hefyd enw eithaf cyffredin yn achau neu fonedd y brenhinoedd cynnar. Ef yw nawddsant *Llawhaden* yn Sir Benfro. **Aidan, Aedan**

Aelhaearn *g*
Sant o'r chweched ganrif a fu'n ddisgybl i *Beuno Sant*. Y chwedl yw bod Aelhaearn y disgybl wedi dilyn ei athro Beuno i weddïo yng nghanol dyfroedd oer yr afon. Heb wybod pwy oedd y tu ôl iddo, fe alwodd Beuno ar haid o anifeiliaid gwylltion a larpiodd Alhaearn. Pan sylweddolodd Beuno mai ei ddisgybl oedd yno, fe ail-osododd yr esgyrn yn eu lle bob un, ac eithrio'r asgwrn dan ael y llygad, ac yn lle hwnnw defnyddiodd Beuno bigyn haearn ei ffon. Efallai mai *Elhaearn* oedd y ffurf wreiddiol, yn ôl y traddodiad yr oedd ganddo ddau frawd Cynhaearn a Llwchaearn. Rhoddwyd tair tref yn rhodd i Teilo gan y brenin.

Aelonwy *b*
Ffurf ar *Eilonwy*.

Aelwen *b*
'ag aeliau gwynion'.

Aelwyn *g*
'ag aeliau gwynion'.

Aerddur *g*
'arf rhyfel'. (gw. **Arddur**)

Aeres *b*
'merch sy'n etifedd'.

Aerfen *b*
Duwies rhyfel y Celtiaid ac enw a gysylltir ag afon Dyfrdwy. *Bellona*

Aergol *g*
Aergol Lawhir oedd brenin Dyfed yn y bumed ganrif. Gweinyddid cymaint o ddiod yn ei wleddoedd fel y byddai milwr neu un o deulu'r brenin yn cael ei ladd bron bob tro yn

sgil meddwdod y llys. Felly dyma'r brenin yn gofyn i Teilo Sant fendithio'r llys. Fe wnaeth, ac anfon dau ddisgybl Llywel a Fidelis i weini bwyd a diod, ac ni chafodd neb ei ladd wedi hynny. Rhoddwyd tair tref yn rhodd i Teilo gan y brenin, Trefcarn, Laith Ty Teliau a Menechi. **Agricola**

Aeron *g*
Enw'r afon sy'n cyrraedd y môr yn *Aberaeron*. Mae 'aer' yn air hynafol am 'rhyfel' a'r tebyg yw mai enw ar un o dduwiau rhyfel yr hen Geltiaid a geir yma. Ceir y ffurf *Aerfen* yn enw duwies afon yn gysylltiedig ag *Afon Dyfrdwy* (lle mae 'dwy' yn ffurf gynnar ar 'duw').

Aerona *b*
Ffurf fenywaidd ar *Aeron*.

Aeronwen *b*
'Aeron' a 'gwen' (*hardd*).

Aeronwy *b*
Ffurf fenywaidd ar *Aeron*.

Aerwen *b*
Ffurf ar *Eirwen*.

Aerwyn *g*
Ffurf ar *Eirwyn*.

Aeryn *g*
Enw'n seiliedig ar 'aer' brwydr.

Aethwy *g*
Sef *Daethwy* yn wreiddiol, enw ar lwyth o bobl ac yna gwmwd ar Ynys Môn. Dyma'r ffurf wreiddiol a ymgorfforwyd yn yr enw lle *Porthaethwy*.

Afael *g*
Hen ffurf ar enw mab *Adda* yn y Beibl. **Abel**

Afagddu *g*

Llysenw *Morfran*, mab *Tegid Foel* a'r wrach *Ceridwen*. Yr oedd Morfran mor frawychus o hyll, penderfynodd Ceridwen fel rhyw fath o iawn, ddewino arno holl wybodaeth y byd. Ceir hanes sut y daeth yr holl wybodaeth yma i *Gwion* bach, diniwed, yn y chwedl *Hanes Taliesin*. (gw. **Taliesin**)

Afallach: Afallon *g*

Afallach ap Beli Mawr yw un o gyndeidiau chwedlonol Ynys Prydain. I *Ynys Afallach* yr aethpwyd â'r *Brenin Arthur* yn dilyn Brwydr Camlan, er mwyn iddo wella o'i glwyfau.

Afan *g*

Afan Buellt, sant Celtaidd o'r bumed ganrif, o linach *Ceredig* a *Cunedda Wledig*. *Tegfedd* oedd enw'i fam. Ef yw nawddsant *Llanafan* (Ceredigion), *Llanafan Fawr* (ym Muellt), a'r un enw a geir yng nghantref *Afan* ger Nedd ac yn enw'r afon sy'n cyrraedd y môr yn *Aberafan*.

Afaon *g*

Afaon fab Taliesin oedd un o'r gwŷr ifanc galluocaf a doethaf a oedd i'w cael ar yr ynys hon yn ôl 'Breuddwyd Rhonabwy' a chyfeirir ato yn y 'Trioedd' a rhai o'r chwedlau.

Afarwy *g*

Yn ôl hanes ffug Sieffre o Fynwy, yn dilyn marwolaeth y brenin *Lludd*, bu anghydfod rhwng Afarwy ap Lludd a'i ewythr *Caswallon*. Aeth Afarwy at Iŵl Gesar am gymorth, a gyda'i gilydd trechasant fyddin Caswallon, gan gynorthwyo'r Rhufeiniaid i oresgyn Ynys Prydain. ***Mandubracius***

Afloeg *g*

Un o feibion *Cunedda* (fel *Ceredig*, *Meirion*, *Rhufon*, *Dogfael* etc.) y rhannwyd iddo ddarn o dir y rhoddwyd ei enw arno, *Afloegion*.

Afonwy *b*

o 'afon'

Angell *g/b*
enw afon a geir yn *Aberangell.*

Angharad *b*
'fy' a 'carad' (cariad). Dyma enw merch *Hywel Dda,* a gwraig *Rhodri Mawr* ac yr oedd *Angharad Tonfelen* yn un o 'Tair merch afieithus Ynys Prydain'.

Aias *g*
Aias o Salamis oedd un o arwyr y Groegiaid a fu'n ymladd ym mrwydr Caer Droea. *Ajax*

Alafon *g*
Ei ystyr 'perfedd', 'canol' a ddefnyddid gynt mewn enwau lleoedd. Dyma'r enw a ddewiswyd gan Owen Griffith, bardd o'r bedwaredd ganrif ar bymtheg fel ei enw barddol.

Alan *g*
Enw Llydewig a geir yn y chwedlau cynnar ac a gysylltir â'r cymeriad hanesyddol *Alan Fergan,* a fu'n teyrnasu ar Lydaw ddiwedd yr unfed ganrif ar ddeg.

Alâog *g*
Tad *Caradog,* tywysog Tegeingl oedd Alâog yn ôl yr hanes a geir yn 'Buchedd Gwenfrewi'. Sonnir amdano fel Alâog Fawr (tew) yn rhestr o achau o Ddyffryn Clwyd. Cedwir ei enw yn ffurf wreiddiol *Penarlâg* sef *Pennardd Alâog.*

Alaw *b*
Ei ystyr gwreiddiol oedd 'lili'r dŵr', ac un o fathiadau William Owen-Pughe yw'r ystyr diweddar 'tôn' (*melody*). Mae'r elfen '*al-*' yn gallu golygu 'llifeiriant o ddŵr' fel yn enwau afonydd *Aled, Alun* ac *Alwen.* Mewn bedd petryal ar lan *afon Alaw* Ynys Môn, y claddwyd corff Branwen ferch Llŷr y ceir ei hanes trist yn ail gainc 'Pedair Cainc y Mabinogi'.

Alawn *g/b*
Un o'r beirdd cynharaf un.

Alban *g*

Milwr Rhufeinig a ferthyrwyd yn y flwyddyn 303 OC. Dyma ferthyr cyntaf Crist yn Ynys Prydain a mawrygwyd enw Alban Sant gan lwythau'r Brythoniaid. *Alba* yw'r enw Gaelaidd ar Yr Alban, a defnyddir *Alban* yno yn enw ar 'gŵr o'r Alban'.

Alcwyn *g*

Ysgolhaig a diwinydd Saesneg (735 – 804), cyfaill a chynghorydd i Charlemagne. ***Alcuin***

Alecsander *g*

Alecsander Mawr, brenin Macedonia yng ngwlad Groeg 356 – 323 CC a orchfygodd a llywodraethai dros wledydd o'r Eidal i'r India ac a fu'n destun llawer o chwedlau, gan gynnwys rhai yn Gymraeg

Aled *g*

Enw afon yn yr hen Sir Ddinbych. Mae'r elfen '*al-*', (llifeiriant o ddŵr) yn gyffredin i *Al-ed*, *Al-un* ac *Al-wen*, afonydd cyfagos.

Alis *b*

Alis Rhonwen oedd merch brenin y Sacsoniaid, *Hengist*. Syrthiodd brenin y Brythoniaid, *Gwrtheyrn*, mewn cariad â hi a chaniatáu tir Caint (yn ne Lloegr heddiw) i Hengist am gael ei phriodi. Enwir y Saeson yn 'blant Alis' neu 'hil Alis' gan y beirdd.

Almon *b*

'y pren almon'.

Alun *g*

Enw afon yn yr hen Sir Fflint, yn cynnwys yr un elfen '*al-*' (llifeiriant o ddŵr) ag afonydd *Aled*, ac *Alwen*. O ran enw personol, y tebyg yw ei fod yn deillio o *Alaunos* duw Celtaidd yn cyfateb i dduw *Mercher* y Rhufeiniaid.Yr oedd *Alun Dyfed* yn un o arwyr yr hen ranbarth yma, a sonnir am *Caer Alun* fel enw ar *Hwlffordd* a *Penalun* yn enw Cymraeg ar *Penally*.

Alwen: Alwena *b*

Alwen yw enw afon a chwmwd yn yr hen Sir Feirionnydd yn cynnwys yr elfen '*al-*' (llifeiriant o ddŵr).

Alwyn *g*

'gorwyn', 'hardd', 'teg', gair gwneud gan Iolo Morganwg.

Alwyna *b*

enw merch yn seiliedig ar *Alwyn*.

Alys gw. **Alis**

Amaethon *g*

Duw amaeth yr hen Geltiaid ac un o feibion niferus y dduwies *Dôn*.

Amanwy *g*

'Amanw' oedd ffurf wreiddiol enw'r afon a geir yn Rhydaman, ac *Amanwy* oedd yr enw a ddewiswyd gan David Griffiths (brawd Jim Griffiths Ysgrifennyd Gwladol cyntaf Cymru) fel ei enw barddol.

Amig *g*

Un o arwyr y chwedl 'Amlyn ac Amig', hanes dau gyfaill tebyg iawn eu hymddangosiad sy'n tyngu llw o ffyddlondeb i'w gilydd. Y mae Amig yn mynd i ymladd yn lle ei gyfaill *Amlyn*, gan adael Amlyn i ofalu am ei wraig (a hynny heb yn wybod iddi). Wrth orchfygu'r gŵr y bu'n ymladd ag ef, y mae Amig yn ennill yr hawl i briodi ei ferch. Y mae'n trosglwyddo'r hawl i'w gyfaill Amlyn, ond oherwydd ei dwyll, mae Amig yn cael ei daro â'r gwahanglwyf. Mae'n dod i wybod y gall gwaed plant Amlyn ei wella. Cymaint eu cyfeillgarwch, mae Amlyn yn aberthu ei blant. Ar ôl i Amig gael ei wella, y mae'r plant yn cael eu hatgyfodi'n wyrthiol.

Amlyn *g*

Am hanes Amlyn gw. **Amig** (uchod)

Anarawd *g*

Mab hynaf *Rhodri Mawr* y cysylltir ei enw â'r frwydr fawr *Gwaith Cymryd Conwy* lle y gorchfygodd Rhodri Aethelred o 'Mercia' neu *Edryd Wallt Hir* fel y'i gelwir yn y testunau Cymraeg.

Andras: Andreas *g*

Enw disgybl cyntaf Iesu Grist a nawddsant yr Alban. Cedwir yr enw yn *Llanandras* (Presteigne) ac enw lle ym Morgannwg. *Andrew*

Androw *g*

Ffurf ar *Andreas: Andras*

Aneira *b*

Enw merch yn cynnwys 'eira'.

Aneirin: Aneurin *g*

Y bardd hynaf y mae ei waith wedi goroesi yn Gymraeg. 'Aneirin Gwawdrydd' (y canu rhwydd) 'Mechdeyrn Beirdd' (tywysog y beirdd). Canodd ei gerdd fawr 'Y Gododdin' yn clodfori'r gwŷr ifainc a ymosododd yn aflwyddiannus ar *Gatraeth* a'r Eingl (Catterick yn Swydd Efrog heddiw) yn y flwyddyn 600. Fe'i cysylltir â'r ardal o gwmpas Caeredin heddiw a'r awgrym yw iddo fod yn un o'r ychydig a ddihangodd yn fyw o'r frwydr ond iddo gael ei ddal yn garcharor.

Anes: Anest gw. **Annes: Annest**

Anna *b*

Yn ôl traddodiad Anna oedd enw cyfnither *Mair* forwyn, a thalwyd cryn barch iddi yng Nghymru yn yr Oesoedd Canol. Y mae hanes ei bod wedi priodi dair gwaith a chael tair merch o'r enw Mair. *Llan y Tair Mair* yw'r enw Cymraeg ar *Knelston* ym Mro Gŵyr.

Annell *b*

Ffurf fachigol ar *Arianell*.

Annes: Annest *b*
Ffurfiau ar *Nest*.

Annun *g*
Mab *Ceredig* a roes ei enw i gwmwd *Anhuniog* (yng Ngheredigion) yn y bumed ganrif. Yr oedd Annun cynharach yn fab i *Macsen Wledig*, ac *Annun Ddu* yn perthyn i'r drydedd ganrif. *Antonius*

Anona *b*
Ffurf ar *Nona*

Antwn *g*
Mae'n deillio o enw Rhufeinig a daeth *Sant Antwn Fawr* o'r Aifft i fri yn dilyn Rhyfeloedd y Croesgadau. *Antony*

Anwen *b*
Enw merch yn cynnwys 'wen' yn yr ystyr 'teg' neu 'annwyl'.

Anwyl: Annwyl *g*
Enw cyntaf a hefyd cyfenw, yn seiliedig ar yr ansoddair. 'annwyl'

Aran *g/b*
'garan' (crychydd), *yr Aran* yw enw ar fynyddoedd ym Meirionnydd.

Aranwen *b*
'Aran' a 'gwen', neu ffurf ar *Arianwen*.

Arawn *g*
Brenin Annwn (y byd arall) oedd Arawn, ac yn y gyntaf o 'Pedair Cainc y Mabinogi' adroddir yr hanes fel yr oedd *Pwyll Pendefig Dyfed* wedi cymryd arno wedd Arawn a byw am flwyddyn gyfan yn ei lys, er mwyn ymladd â gelyn o'r enw Hafgan nad oedd Arawn yn medru ei orchfygu. Mae Pwyll yn llwyddo a bu'r ddau yn gyfeillion ac yn cyfnewid anrhegion, gan gynnwys saith o foch bach a anfonwyd o Annwfn at Bwyll. Arawn yw arweinydd yr helgwn, Cŵn Annwn sydd â lle amlwg yn ein llên werin.

Ardudful *b*
Ffurf ar *Tudful*.

Ardudwen *b*
Enw'n seiliedig ar ardal *Ardudwy* yng Ngwynedd

Arddun *b*
Arddun Benasgell o'r bumed ganrif oedd merch *Pabo Post Prydyn* a mam *Sant Tysilio*. Cedwir ei henw yn *Dolarddun* ym mhlwyf Castell Caereinion.

Arddur *g*
Fel yn *Trearddur* Ynys Môn (gw. hefyd **Aearddur**, **Aerddur**)

Arfon *g*
Enw person yn deillio o enw lle, 'ar' (yr ochr draw i) 'Fôn'.

Arfona *b*
Enw merch yn seiliedig ar *Arfon*.

Arfonwy *b*
Enw merch yn seiliedig ar *Arfon*.

Arfor *g*
Cyfuniad 'ar' a 'môr'.

Arfryn *g*
Cyfuniad 'ar' a 'bryn'.

Arial: Ariel *g*
'bywiogrwydd','nwyd'.

Arian
Sylfaen i nifer o enwau. Gyda'r affeithiad a achosir gan yr 'i' ceir Arian yn troi'n *Eirian*, ac o ychwanegu terfyniad –*ell* (yn cyfateb i 'un bach annwyl') ceir *Ariannell* ac *Eiriannell*.

Ariannell *b*
Yn 'Buchedd Dyfrig', mae sôn am ŵr cyfoethog yn mynd a'i ferch Ariannell at *Sant Dyfrig* er mwyn iddo gael gwared ag ysbryd aflan oedd yn ei meddiannu. Mae Dyfrig yn llwyddo ac

y mae Ariannell yn mynd yn lleian ac yn santes y cedwir ei henw yn nifer o'r afonydd ac enwau lleoedd megis *Eiriannell, Ariannell, Arannell, Yrannell, Grannell* ac *Aberannell*.

Arianrhod *b*

Yn wreiddiol un o ferched y dduwies Geltaidd *Dôn*, Arianrhod, oedd duwies y Lleuad. Enw arall ar y 'Llwybr Llaethog' yw *Caer Arianrhod*. Adroddir ei hanes ym mhedwaredd gainc 'Pedair Cainc y Mabinogi'. Yno, mae'n fam i fachgen y mae hi'n gwrthod rhoi enw iddo, y mae hi'n gwrthod ei arfogi, ac yn tyngu na châi wraig o ferched y byd. Y mae'r dewin *Gwydion* (ei brawd) yn ei thwyllo i alw ei fab yn *Lleu Llaw Gyffes*, yn ei thwyllo i'w arfogi ac y mae'n dewino gwraig i Lleu allan o flodau'r maes, a'i henw oedd *Blodeuwedd*.

Arianwen *b*

Un o 24 merch y brenin *Brychan* a ddaeth yn santes. Gall 'wen' olygu cysegredig neu fendigedig.

Ariel gw. **Arial: Ariel**

Aristotlys *g*

Athronydd Groegaidd a fu fyw rhyw bedair canrif Cyn Crist. *Aristotle*

Armon gw. **Garmon**

Arnallt *g*

Ffurf Gymraeg ar 'Arnold' sy'n deillio o *Arinwalt* yn Hen Almaeneg yn cyplysu'r geiriau am 'eryr' a 'teyrn'. *Arnold*

Arofan *g*

Bardd y pennaeth Selyf ap Cynan o'r seithfed ganrif. Mae enw Arofan yn ymddangos yn 'Trioedd Ynys Prydain'.

Aron *g*

Brawd *Moses* yn y Beibl. Ef a wrandawodd ar y bobl ac a adeiladodd lo aur iddynt ei addoli tra'r oedd Moses i fyny ym Mynydd Sinai yn derbyn y Deg Gorchymyn. *Aaron*

Artro *g*

Enw afon ym Meirionnydd.

Arthen *g*

Mab *Brychan* a brawd *Cynan*. Yr oedd *Arthen ap Seisyll* yn frenin ar Geredigion yn yr wythfed ganrif a chedwir yr enw yn *Glynarthen*.

Arthfael *g*

Enw ar nifer o frenhinoedd Gwent ac un o frenhinoedd Cwm Nedd a roes dir i *Cadog Sant*.

Arthur *g*

Yn wreiddiol, arweinydd digon garw y Brythoniaid yn y chweched ganrif a deithiai'r wlad gyda'i gyfeillion *Bedwyr* a *Cai* yn brwydro yn erbyn ymosodiadau'r Saeson. Fe wnaeth Sieffre o Fynwy Athur yn frenin balch gydag *Uthr Bendragon* yn dad iddo a *Gwenhwyfar* yn wraig iddo. Tynnwyd ato gylch o straeon – am y *Greal* (y cwpan sanctaidd yr yfodd Iesu Grist allan ohono), am lu o farchogion dewr, ac am ei ford gron – a lledodd y straeon amdano i'r cyfandir, lle y tyfodd yn Ymerawdwr. Bu'n arwr poblogaidd iawn yn ystod y Canol Oesoedd ac adroddwyd llawer o straeon amdano.

Arwel *g*

'amlwg'

Arwen: Arwenna *b*

Ffurfiau ar *Arwyn* fel enw merch.

Arwyn *g*

'hardd', 'gwych'.

Arwyna *b*

Enw merch yn seiliedig ar *Arwyn*.

Arwystl *g*

Arwystl ap Cunedda Wledig, enw a luniwyd efallai, er mwyn egluro enw'r cantref *Arwystli*.

Asa *g*

Mab *Sawyl Benisel*, a *Gwenasedd* a sylfaenydd eglwys *Llanelwy* (*St Asaph*). Ceir *Llanasa*, *Pantasa* a *Ffynnon Asa* i gyd yn yr un ardal. Cysylltir ei enw â *Sant Cyndeyrn*, ac mewn un hanes dywedir mai chwaer Asa, oedd yr ail wraig a gymerwyd gan *Maelgwn Gwynedd*. Ceir hanes bod ail wraig Maelgwn wedi colli modrwy ar lan y môr, a chan ofni dicter y brenin gofynnodd i'w brawd Asa, egluro hyn. Anfoddog oedd y brenin i dderbyn yr esboniad, ond pan ddarganfu'r fodrwy mewn pysgodyn a goginiwyd ar gyfer y brenin, cynigiodd ei gymorth i Asa wrth adeiladu yn Llanelwy.

Asaff *g*

Enw Beiblaidd.

Athrwys *g*

Enw ar frenhinoedd *Glwysing* yn y seithfed a'r wythfed ganrif.

Athwenna *b*

Un arall o ferched *Brychan Brycheiniog* a'i henw yn cynnwys 'gwen' a all olygu cysegredig neu fendigedig

Aures *b*

Naill ai ffurf arall ar *Aeres*, neu enw merch yn cynnwys 'aur'.

Aurfryn *g*

Ffurf arall ar *Eurfryn*.

Aurona *b*

Ffurf arall ar *Euron*, ar sail 'aur' neu 'Aerona'.

Aurwen *b*

'aur' a 'gwen'.

Auryn *g*

Enw'n seiliedig ar 'aur'.

Avarinah *b*

Enw merch yn gysylltiedig â Phlas Nanteos yng Ngheredigion.

Awel *b/g*
Gwynt ysgafn.

Awela *b*
Enw merch yn seiliedig ar 'awel'.

Awen: Awena *b*
Enw merch yn seiliedig ar yr un gair ag 'awen' y bardd. Mewn enw nant, os yw'n hen iawn, fe all fod yn seiliedig ar y gair Gwyddeleg am 'afon', *'amhain'*. Neu, gall fod yn dalfyriad o *Anawen* enw yn seiliedig ar 'anaw' golud, cyfoeth.

Awstin *g*
Awstin oedd y cennad a anfonwyd gan y Pab ym 597 i ennill y Saeson drosodd i Gristnogaeth. Ymsefydlodd yng Nghaergaint, ac anesmwyth fu'r berthynas rhwng Caergaint a'r Eglwys Gatholig yng Nghymru am dair canrif ar ddeg. *Augustine*

Aylwyn *g*
Ffurf ar *Aelwyn*.

B

Baeddan: Baedan *g*
Enw yn golygu 'baedd bach' sy'n enw ar nifer o nentydd yn ogystal â bod yn enw personol

Baglan *g*
Un o saint Celtaidd y chwecched ganrif, cedwir ei enw yn yr enw lle ger Aberafan. Y mae hanes bod *Sant Illtud* wedi rhoi ffon (bagl) yn anrheg i Baglan, ac iddo ddefnyddio'r ffon i gael hyd i'r man i godi eglwys. Bu'r moch, y brain a'r gwenyn yn ei gynorthwyo i gwblhau'r gorchwyl yn llwyddiannus. *Baglan ap Dingad ap Nudd Hael* eto o'r chwecched ganrif, yw'r sant o'r un enw a goffeir yn *Llanfaglan* yn Arfon.

Banadl *g*

Enw ar un o frenhinoedd cynnar Powys, yr oedd ei ferch yn fam i *Cynog Sant*. Yr oedd enwau'r hen drefedigaethau *Banhadla Uchaf* ac *Isaf* yn *Llanarmon yn Iâl*, yn seiliedig ar yr enw yma.

Banadl *b*

Planhigyn â blodau melyn a ddefnyddir yn aml i ddisgrifio lliw gwallt merch.

Banwen *b*

Enw lle yng Nghwm Nedd o 'panwaun' tir corsog.

Barach *g*

Enw Gwyddelig o'r dyddiau cynnar, pan fu trefedigaethau o Wyddelod yn rhannau gorllewinol Cymru. Dyma'r enw a geir yn *Llanfarach*, a *Cwm Berach*, hefyd *Y Berch*, ffurf leol ar *Abererch*.

Barri: Barrwg *g*

Disgybl i *Cadog Sant*. Dywedir bod Barri/Barrwg wedi hwylio gyda Cadog o *Ynys Echni* i *Ynys Barri*. Anghofiodd disgyblion Cadog ei lyfr pwysig. Danfonodd hwy yn ôl i ymofyn y llyfr ond i beidio byth â dychwelyd. Boddwyd Barrwg a golchwyd ei gorff i'r lan yn y man a enwyd ar ei ôl sef *Ynys Barrwg* neu *Ynys Barri* erbyn heddiw. Ceir *Ffynnon Farrwg* ger *Bedwas*.

Barti *g*

Ffurf fachigol ar yr enw Bartholomew. Yr enwocaf o ddigon oedd y môr-leidr *Barti Ddu* (Bartholomew Roberts) 'y morwr tal â'r chwerthiniad iach' o Gasnewy Bach yn Sir Benfro. Enillodd gryn enwogrwydd yn fôr-leidr yn y Caribî nes i'r llynges Brydeinig suddo'i long y *Royal Fortune* yn 1722.

Bartholomeus *g*

Enw Beiblaidd. ***Bartholomew***

Beca *b*

Ffurf fachigol ar *Rebeca* a ddaeth i amlygrwydd gyda 'Helyntion Beca' yn yr 1840au yng ngorllewin Cymru. *Rebeca* oedd yr enw a roddwyd ar arweinydd mintai o ddynion a fyddai'n ymosod ar dollborth liw nos a'i distrywio. Byddai'r arweinydd yma yn gwisgo dillad benyw, a bu nifer ohonynt yn arwain ymosodiadau yn Siroedd Penfro a Chaerfyrddin yn gwrthwynebu'r tollau uchel a godwyd ar ffermwyr y ardaloedd hyn. Enw o'r Beibl yw *Rebeca*, mewn adnod yn sôn am Rebeca yn meddiannu pyrth ei gelynion.

Bechan *b*
Ffurf fenywaidd ac annwyl yn seiliedig ar 'bach'. Bechan oedd enw un o ferched *Brychan*, ac amrywiaeth arno yw'r ffurf *Bethan*. Cedwir yr enw yn *Afon Fechan* ac *Aberbechan*.

Beda *g*
Mynach, ysgolhaig a hanesydd o Loegr yn y seithfed ganrif. **Bede**

Bedo *g*
Ffurf anwes ar yr enw *Maredudd*. Yr oedd yn enw ar nifer o feirdd y Canol Oesoedd gyda Bedo Brwynllys y cynharaf ohonynt.

Bedwyr *g*
Dyma un o ddau gyfaill ffyddlon *Arthur* y Cymry, *Cai* oedd y llall. Yn y traddodiad Cymraeg un llaw yn unig oedd ganddo ond nid oedd ei harddach na'i ddewrach ymhlith milwyr Arthur. Yn 'Ymadawiad Arthur' T Gwynn Jones, Bedwyr sy'n cario'r Arthur clwyfedig o frwydr Camlan ar ei daith i Ynys Afallon. Bedwyr hefyd sy'n gorfod taflu Caledfwlch, cleddyf Arthur, i ganol y llyn, lle y mae llaw hudol yn ei ddal 'yn groes o dân a grisial' cyn ei dynnu dan y dŵr. **Bedevere**

Begw *b*
Ffurf anwes ar *Megan*.

Beilo *b*
Un o ferched y brenin *Brychan*, santes a goffeir yn *Llanfilo* ger Aberhonddu.

Beinon *g*

ab Ein(i)on.

Beli *g*

Enw pwysig yn hanes chwedlonol cynnar Ynys Prydain. Mae *Lludd* a *Llefelys* yn feibion iddo, ac mewn man arall y mae'r dduwies *Dôn* yn wraig iddo ac *Arianrhod* yn ferch iddo. Y tebyg yw mai ffurf ddiweddarach yw ar *Belinus*, duw a addolwyd gan Geltiaid y cyfandir.

Belyn *g*

Arwr o Llŷn a fu'n ymladd ar ochr *Cadwallon* yn erbyn *Edwin* pan ymosododd ar Wynedd. Bu farw ar ddechrau'r seithfed ganrif.

Bendigeidfran *g*

Ffurf wedi'i Christnogeiddio ar enw'r duw Celtaidd *Brân*. Y *Bendigaid Frân* yw ffurf yr enw a geir yn 'Pedair Cainc y Mabinogi' lle y mae'n frenin ar Brydain ac yn frawd i *Branwen*.

Benlli *g*

Benlli Gawr oedd yr enw ar deyrn chwedlonol a oedd yn enwog am ei orthrwm. Mae hanesion amdano a'i ymwneud â'r saint *Garmon* a *Cynhafal*, yn y ddau achos y canlyniad yw i'r cawr gael ei ddifa gan fflamiau. Teyrnasai yn y lle a elwir heddiw yn *Foel Fenlli*.

Berddig *g*

Enw bardd llys Gruffudd ap Llywelyn o'r unfed ganrif ar ddeg.

Berian *g*

Enw o *Brynberian* Sir Benfro.

Berwen *b*

Ffurf fenywaidd *Berwyn*

Berwyn *g*

O'r hen ffurf Frythoneg **barro-vindo* a roes 'barrfind' Gwyddeleg a berwyn yn Gymraeg, enw ar fynyddoedd ac ar un o farchogion y *Brenin Arthur*.

Beti: Betsan *b*
Ffurf fachigol ar *Elisabeth*.

Bethan *b*
Naill ai ffurf ar 'bechan' neu 'Betsan' uchod.

Beuno *g*
Sant o'r chweched ganrif. Derbyniodd ei ddysg yng Ngwent ac
yna symud i Bowys a chenhadu yn y gogledd-orllewin.
Rhoddwyd tir iddo gan *Ynyr* brenin Gwent, *Y Berriw* gan *Mawn
ap Brochwel*, *Gwyddelwern* gan *Cynan ap Brochwel* a rhoddwyd
Clynnog iddo hefyd. Bu traddodiad amdano yn atgyfodi'r meirw.
Yr enwocaf yw hanes y santes *Gwenfrewi*, ac am hyn fe
dderbyniodd ganddi bob blwyddyn, glogyn arbennig a'i
cadwai'n gwbl sych a chynnes. Enwir nifer o saint yn
ddisgyblion iddo. Beuno yw'r sant â'r nifer uchaf o eglwysi
wedi'u cysegru iddo yng ngogledd Cymru.

Bifan: Befan *g*
ab Ifan.

Bili: Bilo: Bilws *g*
Ffurf fachigol ar *William*

Bleddyn *g*
O ffurf hŷn Bleiddyn sef 'blaidd' ac 'yn' = 'blaidd bach'. *Bleddyn
ap Cynfyn* oedd brenin Powys a aned yn 1025. Bu'n briod ag
Angharad ac o'u llinach hwy y deilliodd linach tywysogion
Powys.

Blegywryd: Blegwryd *g*
Cyfreithiwr ac athro'r gyfraith yn llys Hywel Dda, y brenin a
roes ei enw ar gorff o gyfreithiau Cymreig.

Bleiddyn gw. **Bleddyn**

Blodeuwedd *b*
Y wraig a gonsuriwyd gan *Math* a *Gwydion* o flodau'r derw, o
flodau banadl ac o'r erwain. Fe'i rhoddwyd yn wraig i *Lleu Llaw*

Gyffes, ond bradychodd ei gŵr a threfnu iddo gael ei ladd gan *Goronw Pefr*. Ei chosb oedd cael ei throi'n dylluan. Ceir ei hanes yn 'Math fab Mathonwy,' y drydedd o 'Pedair Cainc y Mabinogi'.

Blodwen *b*
Cyfuniad o 'blod(yn)' a 'gwen'

Bobi *g*
Ffurf fachigol ar **Robert**.

Bodfan *g*
Sant *Abergwyngregyn* Sir Gaernarfon.

Bonner *g*
ab Ynyr

Bowen *g*
ab Owen/Owain.

Bowi: Bowy *g/b*
Enw nant yn deillio o enw personol 'Bywi' yn seiliedig ar 'byw'.

Bradach *g*
Enw ag ôl Gwyddelig arno. Os o'r Wyddeleg, efallai llysenw ar berson yn golygu 'lleidr, lladronllyd' neu os o'r Gymraeg, nant yn gysylltiedig â'r elfen 'brad' sef nant sy'n tueddol o orlifo'i glannau. Enw'r nant a geir yn wreiddiol yn y ffurf *Glanbradach*, a droes yn ddiweddarach yn *Llanbradach*.

Bradwen *g*
Coffeir teulu enwog *Ednywain ap Bradwen*, sylfaenydd un o bymtheg llwyth bonedd Gwynedd, yn *Llys Bradwen*.

Braint *b*
Enw nant ar Ynys Môn yn deillio o enw'r dduwies *'Briganti(a)'*, un o dduwiesau'r Brythoniaid. Enwyd llwyth o Frythoniaid ar ei hôl sef y 'Brigantes', a'r un enw sydd wrth wraidd afon *Brent*.

Braint *g*

Yn hanes Sieffre o Fynwy, yr oedd *Braint Hir* yn nai i *Cadwallon*, ac ochrodd gyda'i ewythr i wrthwynebu *Edwin* (brenin Brynaich) rhag cymryd gorsedd Prydain. Bu raid i'r ddau ddianc o'r wlad. Yn dilyn llongddrylliad, a chyda'i ewythr yn gwanhau, torrodd Braint ddarn o'i goes ei hun i fwydo Cadwallon â chig. Gwellodd Cadwallon. Braint Hir oedd pennaeth y degfed o bymtheg llwyth brenhinol Gwynedd.

Brân *g*

Brân ap Llŷr Llediaith yw brawd *Branwen* yn 'Pedair Cainc y Mabinogi'. Yno y mae'n gawr, yn frenin Prydain â'i lys yn Harlech. Priododd Branwen â *Matholwch* brenin Iwerddon, a chael ei chamdrin ganddo, gyda'r canlyniad i Brân gerdded ar draws y môr i'w gosbi. Trawyd Brân gan saeth wenwynig a gorchmynnodd ef i'w gymdeithion dorri ei ben a dod ag ef yn ôl i Brydain. Ar ôl deugain neu ragor o flynyddoedd fe'i claddwyd yn Llundain. Ceir yr un elfen *Brân* mewn enwau fel *Branwen*, *Morfran*, ac mewn nifer o enwau lleoedd ac ar afonydd. *Bendigeidfran* = y bendigaid Frân.

Branwen *b*

Branwen ferch Llŷr yw testun yr ail o 'Pedair Cainc y Mabinogi'. Mae'n priodi *Matholwch* brenin Iwerddon. Oherwydd sarhad a gyflawnwyd gan ei brawd Efnisien, y mae Branwen ei hun yn cael ei sarhau gan lys y brenin ac y mae drudwen yn hedfan o Iwerddon ac yn dod â'r hanes i frawd Branwen, *Bendigeidfran*. Yna mae Bendigeidfran yn arwain mintai arfog i achub ei chwaer, ac yn cael ei ladd wrth wneud hynny. Dychwelodd Branwen i Gymru ond torrodd ei chalon oherwydd y cyflafan a achoswyd o'i phlegid hi.

Brenig: Brennig *g*

Ffurf fachigol ar *Brân*. Mae *Afon Brennig* yn tarddu o *Lyn Brân* ger *Gorsedd Brân* a enwir ar ôl y *Bendigaid Frân* a geir yn 'Pedair Cainc y Mabinogi'.

Briafael *g*
Ffurf wreiddiol yr enwau *Briog* (ffurf fachigol ar yr enw) a *Tyfrïo* (ffurf barchedig ar yr enw).

Briallen *b*
Enw merch yn seiliedig ar enw blodyn. ***Primrose***

Brian *g*
Enw Llydaweg yn cynnwys 'bre' bryn + 'an' ffurf fachigol 'bryn bach'

Brid *b*
Ffurf Gymraeg ar enw'r Santes Wyddelig ***Brigid***.

Brinli *g*

Briog *g*
Ffurf anwes ar enw un o'r seintiau Celtaidd cynharaf a aned yng Ngheredigion sef *Briafael*. Ei enw ef a goffeir yn St Brieuc yn Llydaw. Ffurf arall ar yr enw oedd *Tyfrïog* sef Briog + y rhagddodiad parch 'ty', enw a goffeir yn *Llandyfrïog* yng Ngheredigion.

Briwnant *g*
Disgrifiad o ddŵr brochus neu gwm anwastad a fabwysiadwyd yn enw personol.

Brochwel *g*
Enw ar nifer o frenhinoedd cynnar ar rannau o Gymru, gan gynnwys *Brochwel Ysgythrog* brenin Powys yn y bumed ganrif.

Bron: Broni *b*
Ffurf fachigol ar *Bronwen*.

Bronwen *b*
'bron' a 'gwen'

Bronwyn *b*
Ffurf ar *Bronwen*.

Brothen *g*

Sant a goffeir yn *Llanfrothen* yn Ardudwy ac a oedd yn fab i *Helig ap Glannog.*

Brwyn *g*

Ceir enw Brwyn Brycheiniog yn *Englynion y Beddau,* ac efallai dyma'r enw a gedwir yn *Brwynllys* ffurf hŷn ar *Bronllys.*

Brwyno *g*

Enw'n seiliedig ar 'brwyn' sy'n enw ar nifer o nentydd yn ogystal â bod yn enw personol

Brychan *g*

Mae'r enw'n deillio o ffurf hŷn *Brochan* mae'n debyg. Yr oedd ei dad yn frenin Gwyddelig a'i fam *Marchell* yn ferch i frenin y Brythoniaid. Teyrnasai dros ardal a orchfygwyd gan y Gwyddelod. Y traddodiad yw iddo godi teulu o Gristnogion a fu'n cenhadu yng Nghymru, Llydaw a Chernyw. Rhestrir *Cynog, Arthen, Berwyn* a *Cynon* ymhlith meibion Brychan a *Meleri, Gwladus, Gwawr, Lluan, Arianwen, Bethan, Ceinwen, Dwynwen, Gwen, Tudful, Tybïe* a *Gwenfyl* ymhlith yr enwocaf o'i ferched. Mae *Brycheiniog* yn deillio o 'Brychan' + 'iog' (tir sy'n eiddo i Brychan).

Bryn *g*

Ffurf fachigol ar *Brynmor.*

Brynach *g*

Yr oedd *Brynach Sant* yn un o'r saint Celtaidd a fu fyw yn Llydaw cyn ymsefydlu yn y Benfro bresennol. Ceir hanes am fuwch arbennig o eiddo Brynach a roddwyd dan ofal blaidd. Daeth y brenin *Maelgwn* heibio a lladd y fuwch ond methodd ei weision â chael y dŵr i ferwi i drin y cig ac fe atgyfodwyd y fuwch gan Brynach. Bu cymod rhwng y sant a'r brenin ac ni bu raid i Brynach dalu unrhyw dreth i'r brenin wedi hynny. Ceir enwau lleoedd ger llannau a gysylltir â Brynach ym Mhenfro a'r hen Forgannwg.

Bryniog *g*

'mynyddig' neu 'yn cynnwys bryniau'

Brynmor *g*

enw personol o 'bryn' a 'mawr'.

Brython *g*

Enw ar aelod o'r llwyth Celtaidd (y Brythoniaid) a drigai adeg y Rhufeiniaid lle y mae Cernyw, Cymru a De'r Alban heddiw.

Buan *g*

Enw'r sant a gedwir yn *Bodfuan* yn Llŷn. Yn ôl yr hanes, yr oedd ei dad, *Ysgwn*, yn fab i *Llywarch Hen*.

Buddug *b*

Brenhines llwyth yr Iceni a frwydrodd, yn aflwyddiannus yn erbyn y Rhufeiniaid yn y ganrif gyntaf Oed Crist, yn ne-ddwyrain Lloegr. ***Boudicca; Victoria***

Bun *b*

'meinwen', 'rhiain', 'merch'

C

Cadell *g*

Yr oedd un Cadell yn fab i *Rhodri Mawr* a thad Hywel Dda; ac yr oedd *Cadell Ddyrnllyg* (dwrn gloyw) yn dywysog ar Bowys tua 430 OC a'r cyntaf o linach o frenhinoedd a enwyd yn *Cadelling*.

Cadfael *g*

Un o nifer o frenhinoedd y Brythoniaid i ymladd yn erbyn Oswy brenin Bernicia tua 655 OC. Cadfael oedd yr unig un ohonynt i ddianc yn fyw o'r frwydr. Cadfael oedd enw bedydd *Cadog* Sant.

Cadfan *g*

Yr oedd *Cadfan ab Eneas Ledewig* yn sant o'r bumed ganrif a ddaeth gyda *Padarn* o Lydaw (nid y wlad, ond lle anghofiedig ym Mhrydain) a sefydlu mynachlog enwog yn Nhowyn (Meirionnydd). Fe'i coffeir yn *Llangadfan* ym Mhowys. Ef hefyd oedd abad cyntaf Ynys Enlli. **Caedmon**

Cadfarch *g*
Mab *Caradog Freichfras*, sant a gysylltir â *Phenegoes* ger Machynlleth.

Cadfor: Cadifor: Cydifor *g*
Enw yn gysylltiedig â llinach brenhinol Meirionnydd.

Cadi: Cati: Cato *b*
Ffurf fachigol ar *Catrin*.

Cadifor gw. **Cadfor**

Cadnant *g*
Enw ar o leiaf dair afon yng ngogledd Cymru.

Cadog *g*
Enw anwes ar *Cadfael*, mab *Gwynllyw* brenin Glywysing a Gwladus merch y brenin *Brychan*. Yr oedd yn sant cynnar ac yn un o arloeswyr mynachiaeth ym Mhrydain. *Llancarfan* oedd ei fynachlog bwysicaf a chedwir ei enw yn *Llangadog*. Ffurf arall ar yr enw anwes hwn oedd *Catwg* a cheir nifer o eglwysi yn y de-ddwyrain wedi'u cysegru i *Catwg*.

Cadrawd: Cadrod *g*
'mintai rhyfel'.

Cadwaladr *g*
Yn fab i *Cadwallon*, mae'r beirdd yn cyfeirio ato fel arwr. Baner Cadwaladr oedd y Ddraig Goch ac y mae Sieffre o Fynwy yn ei hanes yn sôn am y gred y byddai Cadwaladr yn dychwelyd i adfer Cymru i ddwylo'r Brythoniaid. Erbyn diwedd ei oes bu'n fynach, ac enillodd i'w hun yr enw *Cadwaladr Fendigaid* ac enwyd eglwysi *Llangadwaladr* ar Ynys Môn ac yn Ninbych ar ei ôl.

Cadwallon *g*

Yr oedd yn fab i *Cadfan*, a bu'n un o frenhinoedd mawr y Brythoniaid a ymladdodd yn llwyddiannus yn erbyn y Saeson. Cafodd ei ladd ym mrwydr *Canyscawl* (Hexham) yn y flwyddyn 634. Mae Sieffre o Fynwy yn sôn am ei gorff yn cael ei gadw o fewn delw o bres ger un o byrth Llundain er mwyn codi ofn ar y Saeson.

Cadwel *g*

Ffurf ar *Cadfael*.

Cadwgan: Cadwgon *g*

Yr oedd *Cadwgon ap Cathen* yn un o frenhinoedd Dyfed ac Ystrad Tywi yn ganol y seithfed ganrif. Ceir *Moel Cadwgan* yng Nghwm Rhondda.

Caeach *b/g*

Enw nant yn seiliedig ar yr elfen 'cae' a 'chau i mewn' a roes ei enw i ddau gwmwd yng nghantref Senghennydd. Dros amser y mae *Glancaeach* wedi troi yn *Llancaeach*.

Caeo *g*

Enw personol yn deillio o 'cae/cau' ac enw ardal yn Sir Gaerfyrddin.

Caeron *g*

Enw nant yng Ngwynedd.

Caerwyn *g*

Tebyg i 'caerwys' efallai, 'teg', 'prydferth'.

Caffo *g*

Sant a fu'n ddisgybl disglair i *Cybi* Sant ym Môn. Fe'i lladdwyd gan fugeiliaid Rhosyr Ynys Môn, a chedwir ei enw yn *Llangaffo* ar yr Ynys honno.

Cai: Cei *g*

Ynghyd â *Bedwyr*, *Cai Hir* oedd un o ddau brif farchog y *Brenin Arthur*. Cedwir ei enw yn *Caer-Gai*. Enw gwreiddiol *Nant y*

Gwryd oedd *Nant Gwryd Cai* lle y safai Cai unwaith â'i freichiau ar led gydag un hirfys yn cyffwrdd â'r mynyddoedd ar un ochr a'r hirfys arall yn cyffwrdd y mynyddoedd ar yr ochr arall, dyma faint 'gwryd' (lled breichiau) Cai. Y cyneddfau a berthynai i Cai, oedd ei allu i fyw dan ddŵr am naw diwrnod a naw nos heb orfod cymryd anadl ac i fynd heb gwsg am yr un cyfnod. Yr oedd clwyf gan gleddyf Cai yn un na wnâi unrhyw feddyg ei wella; medrai ymestyn i hyd y goeden dalaf. Yr oedd corff Cei mor boeth y medrai ei gymdeithion, ar adegau o oerfel, gynnau tân o'i wres. Ceir awgrym yn 'Culhwch ac Olwen', er ei fod yn farchog dewr, y gallai fod yn gymeriad gwrthnysig a phenstiff. (gw. hefyd **Tygai**) *Kay*

Caian *g*
Un o feibion *Brychan* a'r sant a goffeir yn *Tregaian* Sir Fôn.

Cain *b*
'hardd', 'teg'. *Cain Wyry* oedd un o ferched *Brychan* a ddaeth yn santes. Cedwir ei henw yn *Llangain* a *Llangeinwr*. Ffurf arall ar ei henw oedd *Ceinwen*. Yn ôl yr hanes ceisiwyd ei llaw mewn priodas gan lawer uchelwr, ond er mwyn aros yn forwyn dihangodd dros afon Hafren a gofyn caniatâd brenin lleol i gael ymsefydlu mewn lle diarffordd. Cafodd ei rhybuddio na allai neb fyw yno oherwydd yr holl wiberod gwenwynig. Ond gweddïodd Cain ar i Dduw newid y seirff yn gerrig. Dyna a wnaed a gellir gweld y rhain hyd y dydd heddiw, sef y ffosiliau lluosog a geir o gwmpas *Keynsham* (ffurf Saesneg yn cyfateb i 'llan Gain') yng Ngwlad yr Haf. Y tebyg yw mai *Cain* arall a goffeir yn yr enw lle *Cilcain*. Cedwir yr enw hefyd yn '*Machen*' (*Machain* yn wreiddiol).

Caio *g*
Ffurf ar *Caeo*.

Cairon *g*
Ffurf ar *Caeron*.

Calan *b/g*
Un o hen raniadau'r flwyddyn.

Caledfryn *g*
Enw nant yn Sir Ddinbych ac enw barddol William Williams o Ddinbych.

Callwen *b*
Un o ferched *Brychan*, chwaer *Gwenfyl* a nawddsant eglwys *Cellan*. Gall 'wen' olygu cysegredig neu fendigedig

Camarch *g*
Enw nant ym Mhowys 'cam', 'march'

Camwy *g/b*
Enw afon ym Mhatagonia a luniwyd trwy gyfuno 'cam' ac '-wy' ar sail y gam-dybiaeth eiriadurol mai hen ffurf am lifeiriant o ddŵr oedd yr ôl-ddodiad *–wy*.

Canna *g*
Sant a goffeir efallai yn *Llan-gan* neu *Llanganna* ger Caerdydd a *Llan-gan* Sir Benfro.

Caradog *g*
Enw'n seiliedig ar y bôn 'Câr' o 'cariad, 'hoff', annwyl'. *Caradog Freichfras* oedd sylfaenydd llinach brenhinol Gwent. ***Caratacus***

Carannog: Crannog *g*
Enw'n seiliedig ar 'Câr' o 'cariad', 'hoff', annwyl'. Sant o'r bumed ganrif y cedwir ei enw yn *Llangrannog*. Nid yw'r hanesion amdano yn glir, ond y tebyg yw ei fod yn ŵyr i *Ceredig* a cheir eglwysi wedi'u cysegru iddo yng Ngwlad yr Haf a Llydaw a chyfeirir at ei ymweliadau ag Iwerddon yng nghwmni *Padrig* Sant. Mae sôn amdano yn ymsefydlu mewn ogof yng Ngheredigion ac am allor arbennig a daflwyd i afon Hafren ac a gollwyd ond a ganfuwyd eto pan lwyddodd Carannog i ddofi sarff gwyllt i'r *Brenin Arthur*. Daw'r enw o hen ffurf **caro* cyfaill.

Cari *b*
Ffurf fachigol ar *Ceridwen*.

Caron: Carron *g*
Enw'n seiliedig ar y bôn 'Câr' o 'cariad, 'hoff', annwyl'. *Caron ab Ithel Hael* (o Lydaw), oedd y sant (ac esgob) efallai, a gladdwyd yn Nhregaron.

Caronwen *b*
Cyfuniad o *Caron* a 'gwen' i lunio enw merch.

Caronwy *b*
Cyfuniad o *Caron* ac '-wy' i lunio enw merch.

Carrog *g/b*
Enw person o enw afon yn golygu 'llifeiriant cyflym'.

Carron gw. **Caron: Carron**

Carwen *b*
Ffurf ar *Garwen*.

Carwyn *g*
Ffurf ar *Garwyn*.

Caryl *b*
Enw yn seiliedig ar **caro* cyfaill.

Carys *b*
Enw yn seiliedig ar **caro* cyfaill.

Casnar *g*
'arglwydd', 'arwr'.

Caswallon *g*
Mab *Beli* a brenin Prydain ar adeg goresgyniad Iŵl Gesar.

Cati: Cato gw. **Cadi**

Catrin: Catryn *b*
Ffurf Gymraeg ar ***Catherine.***

Catwg *g*
Ffurf ar *Cadog*.

Catws *b*
Ffurf anwes ar *Catrin*.

Cathen *g*
Yr oedd dau ŵr â'r enw Cathen, *Cathen ap Cawrdaf ap Caradaog Freichfras* o'r chweched ganrif a *Cathen ap Gwlyddien* o'r seithfed ganrif, tywysog Dyfed a Brycheniog. Y tebyg yw mai Cathen ap Gwlyddien yw'r gŵr a goffeir yn *nant Cathan*, *Llangathen* a'r cwmwd *Cetheiniog* (tir Cathen) yn sir Gaerfyrddin.

Caw *g*
Caw o Brydyn. Yn *Buchedd Cadog* y mae Caw yn gawr a gysylltir â'r Alban, sy'n cael ei atgyfodi er mwyn codi eglwys i *Cadog* yn yr Alban. Y mae lle anrhydeddus i Caw fel arweinydd dewr yn chwedl 'Culhwch ac Olwen' yn yr hanes am hela'r Twrch Trwyth. Symudwyd enw Caw (a oedd o lwyth y Ffichtiaid yn yr Alban yn wreiddiol) o'r Alban i fod yn arglwydd *Cwm Cawlwyd* (Caw Gysegredig) yng ngogledd Cymru. Anifeiliaid hynaf Ynys Prydain oedd *Carw Rhedynfre*, *Tylluan Cwm Cawlwyd*, *Eryr Gwernabwy* ac *Eog Llyn Llyw* ac yr oedd yn rhaid i'r *Brenin Arthur* ymgynghori â nhw yn 'Culhwch ac Olwen', er mwyn darganfod ym mha le yr oedd *Mabon fab Modron* wedi cael ei gaethiwo.

Cedewain *g*
Enw cwmwd ym Mhowys

Cedifor gw. **Cadifor**

Cedig *g*
Tad *Sant* (tad *Dewi Sant*) a *Doged* y sant y cedwir ei enw yn *Llanddoged*. Mae hanes bod Cedig wedi taro un o feibion *Maelgwn Gwynedd* ac wedi gorfod ffoi i seintwar Llanelwy. Fe'i henwyd yn *Cedig Draws* oherwydd ei natur gwrthnysig. *Cethig* yw ffurf arall ar yr enw.

Cedol *b/g*

'hael', 'bonheddig', 'gwych'.

Cedri *g*

Enw yn seiliedig ar 'cedol' (uchod).

Cedwyn *g*

Y sant o'r seithfed ganrif a goffeir yn *Llangedwyn* ac *Ynys Gedwyn*.

Cefni *g*

O *Llangefni* Ynys Môn.

Cei gw. **Cai: Cei**

Ceian *g*

Ffurf fachigol ar *Cai: Cei*.

Ceidio: Ceidiog *g*

Ceir sawl Ceidio yn yr hen achau gan gynnwys *Ceidio ap Caw*, ond yr un amlycaf oedd *Ceidio ap Ynyr Gwent* a oedd yn un o saint y chweched ganrif y cedwir ei enw yn *Llangeidio* ac yn *Rhodogeidio* Ynys Môn. Ceir yr enw yn *afon Ceidiog* ac *Aberceidiog*. Mae'r enw yn ffurf fachigol, annwyl yn seiliedig ar **catu* 'cad', 'brwydr'.

Ceidrych *g*

Ceir Ceidyrch neu Ceindrych yn fab chwedlonol i *Deigr ap Dyfnwal Hen,* ac efallai mai enw tebyg a geir yn enw *afon Ceidrych* yn sir Gaerfyrddin a *Dyffryn Ceidrych* ym Mrycheiniog.

Ceindeg *b*

'teg', 'prydferth'.

Ceindrech: Ceindrych *b*

Enw ar nifer o wragedd cynnar yn y bumed a'r chweched ganrif.

Ceinfron *b*

'teg ei bron' merch *Llywarch Hen*.

Ceinfryd *b*
'teg ei bryd' gwraig *Grufudd ap Llywelyn.*

Ceinion *b*
Enw yn seiliedig ar 'cain'.

Ceinwen *b*
'merch brydferth'. Ffurf arall ar *Cain Wyry* fel yn *Llangeinwen* a *Ceinwry.*

Ceinwyn *b*
'merch dlos'.

Ceirio gw. **Ceiro**

Ceiriog *g*
Enw'n seiliedig ar y bôn 'câr' o 'cariad, 'hoff', annwyl', mae'n digwydd fel enw afon e.e. *Glyn Ceiriog.*

Ceirion gw. **Ceiro**

Ceirios *b*
'y ffrwythau coch'.

Ceiro: Ceirio: Ceirion *g*
Enw'n seiliedig ar y bôn 'câr' o 'cariad, 'hoff', annwyl'. Dyma'r enw a geir yn *Nant Ceiro* ac *Aberceiro* (Ceredigion), *Llanfihangel Tref Geirio* a *Llanddewi Rhos Ceirion* (Swydd Henffordd) ac hefyd yn *Llyn Geirionnydd.*

Ceirwen *b*
Enw merch yn seiliedig ar *Caerwen.*

Ceirwyn *g*
Enw bachgen yn seiliedig ar *Ceirwen.*

Ceitho *g*
Yr oedd yn un o bum mab *Cynyr Farfwyn* (*Gwyn, Gwynno, Gwynoro* a *Celynin* oedd y lleill) a goffeir yn *Llanpumsaint, Pumsaint* ac yn *Llangeitho* Ceredigion. Mae'r enw yn ffurf fachigol, annwyl yn seiliedig ar **catu* 'cad', 'brwydr'.

Celer *g*
Y sant a goffeir yn *Llangeler* ac efallai *Sanclêr*.

Celyddon *g*
Cilydd ap Celyddon Wledig oedd tad *Culhwch* arwr y chwedl 'Culhwch ac Olwen'. Cysylltir yr enw â *Choed Celyddon* coedwig a oedd yn un o ryfeddodau'r Hen Alban. **Caledonia**

Celyn *g/b*
Mab i *Caw o Brydain* ar ddiwedd y bumed ganrif y cedwir ei enw yn *Twrcelyn* ym Môn a *Llyn Celyn* er cof am *Cwm Celyn* a foddwyd ger y Bala.

Celynin *g*
Sant *Llangelynnin* ym Meirionnydd ac yn Arllechwedd. Celynin oedd un o bum sant *Llanpumsaint* gyda *Gwyn*, *Gwynno*, *Gwynoro* a *Ceitho*, a oedd yn feibion i *Cynyr Farfwyn*.

Celynnen *hon*
'enw'r goeden fythwyrdd'.

Cellan *g*
Enw lle y tu allan i Lanbedr Pont Steffan, Ceredigion.

Cemais *g*
Enw ar nifer o bentrefi ledled Cymru.

Cemlyn *g*
Enw o sir Fôn a geir yn *Trwyn Cemlyn*.

Cen *g*
Ffurf Gymraeg ar 'Ken' o **Kenneth**.

Ceneu: Cenau *g*
Ceir *Ceneu fab Coel* yn y gerdd gynnar 'Gwaith Argoed Llwyfain' gan Taliesin, a *Ceneu* arall esgob Mynyw a goffeir yn *Llangeneu* eglwys nad yw'n bod rhagor yng *Nghlydai* ger Castell Newydd Emlyn.

Cennard *g*

Cennech *g*

Y sant a goffeir yn *Llangennech*.

Cennydd *g*

Sant yn gysylltiedig a Bro Gŵyr a oedd yn gyfoeswr â *Dewi*, *Padarn* a *Teilo* ac a goffeir yn *Llangennydd* a *Trecenydd*, Ceir traddodiad ei fod yn fethedig.

Cenwyn *g*

Ceredig *g*

O'r hen ffurf Frythoneg **karat î co* a roes 'caredig' a 'Ceredig. Yr oedd dau Ceredig yn byw ym mlynyddoedd cynnar y bumed ganrif, yr oedd y naill, *Ceredig Wledig*, yn frenin ar Ystrad Clud yn yr Alban, yn euog o gipio rhai o ddisgyblion *Patrick* o Iwerddon yn gaethweision iddo. Y llall oedd un o feibion *Cunedda* brenin arall o'r Hen Ogledd a yrrodd y Gwyddelod allan o ogledd a gorllewin Cymru. Daeth ei feibion yn frenhinoedd ar rai o'r ardaloedd hyn, fel *Ceredig*, brenin Ceredigion, *Meirion* (Meirionnydd) ac *Edern* (Edeirnion).

Ceri *g/b*

Enw'n seiliedig ar y bôn 'câr' o 'cariad, 'hoff', annwyl'. Enw tref yn Nhrefaldwyn. Mae 'Câr' yn troi'n 'Ceri' pan olyga 'tir Câr'. Sonnir am arwr o'r enw *Ceri Cleddyf Hir* yn yr hen gerddi, *Englynion y Beddau*.

Cerian *g/b*

Ffurf anwes ar *Ceri*.

Ceridwen *b*

Yn ôl 'Hanes Taliesin' gwraig *Tegid Foel*, a mam *Morfran* ei mab, a *Creirwy*, ei merch. Yr oedd Ceridwen yn hyddysg mewn hud a lledrith, swynion a phob cyfaredd. Am y ffordd y ceisiodd roi holl wybodaeth y dyfodol i'w mab *Morfran*, ond i *Gwion* bach ei hennill ac i Gwion gael ei aileni yn fardd, sef *Taliesin* gw. dan **Gwion** a **Taliesin**. Yn ôl y beirdd cynnar, Ceridwen oedd duwies yr awen farddonol.

Ceris: Cerys *b/g*
Enw fel Ceri, yn deillio o *caro* cyfaill, hefyd 'ceirios'.

Cerist *b/g*
Enw afon ym Mhowys.

Cerith *g*
Enw fel Ceri, yn deillio o *caro* cyfaill.

Cerwyn *g*
Ffurf ar *Gerwyn*.

Ceryl *g*
Enw bachgen yn seiliedig ar *Caryl*.

Cerys gw. **Ceris: Cerys**

Cêt *b*
Ffurf Gymraeg ar **Kate**.

Ceulanydd *g*
Enw'n seiliedig ar 'ceulan'.

Ceuron *g*

Ceurwyn *g*
Ffurf ar *Caerwyn*.

Cewydd *g*
Sant y cysylltir ei enw ag *Aberedw* a *Diserth* ac eglwys sydd erbyn hyn wedi diflannu, *Llangewydd* ger Pen-y-Bont ar Ogwr. Y mae traddodiad sy'n sôn am *Hen Gewydd y Glaw* lle y credid y ceid 40 niwrnod o law pe bai hi'n bwrw ar ddydd Gŵyl Cewydd, Gorffennaf 15 (sef yr un dyddiad â St Swithin yn Lloegr).

Cian *g*
Yr oedd *Cian Gwenith Gwawd* (gorau'i awen) yn fardd o'r chweched ganrif, a berthynai efallai i *Aneurin* bardd arall o'r un cyfnod. Sant o'r un enw hefyd, a oedd yn was i *Peris* Sant, a goffeir yn *Llangïan* yn Llŷn.

Cilan *g*

Ceir lle o'r enw *Trwyn Cilan* yn Llŷn.

Cilmin *g*

Cilmin Troed-ddu oedd pennaeth y pedwerydd o bymtheg llwyth brenhinol Gwynedd. Bu fyw yn y nawfed ganrif. Dywedir iddo, drwy dwyll, gael gafael ar lyfr swynion gan ellyll. Bu'r ellyll yn ymlid Cilmin a oedd yn ddiogel ond iddo lwyddo i osgoi cyffwrdd â dŵr. Wrth neidio dros nant, cyffyrddodd ei droed â'r dŵr, ac er iddo lwyddo i ddianc gyda'i fywyd, fe droes ei droed yn ddu.

Cilydd *g*

Cilydd oedd tad *Culhwch* yn y chwedl 'Culhwch ac Olwen'. Bu farw mam Culhwch pan oedd Culhwch yn fach gan ofyn i Cilydd, cyn iddi farw, i beidio ail-briodi hyd nes y gwelai draenen â dwy gangen arni yn tyfu ar ei bedd. Yn y cyfamser yr oedd hi wedi sicrhau bod offeiriad yn glanhau ei bedd bob blwyddyn fel na thyfai dim arno. Ond ni wnaethpwyd hynny yn y seithfed flwyddyn yn dilyn ei marwolaeth, a thyfodd draenen â dwy gangen arni ar ei bedd. Yn dilyn hyn, cymerodd Cilydd gyngor i gymryd ato'n wraig, gwraig brenin *Doged*. Lladdodd Cilydd Ddoged a chymryd ei wraig a'i ferch.

Ciwa *b*

Y santes a goffeir yn *Llangiwa*, Gwent. Fe'i sillafwyd fel *Llangywan* gynt ac efallai dyma'r un enw a geir yn *Ynys Gywan* a droes yn *Skewen*. Yng Nghernyw ceir *St Kew* a oedd yn chwaer i *Dochau* Sant.

Claerwen *b*

'disglair iawn', enw afon ym Mhowys.

Cled *g*

Ffurf fachigol ar *Cledwyn*.

Cledan *g*

Enw afon a nant yn seiliedig ar yr ansoddair 'caled', yn awgrymu llifeiriant gwyllt yn arbennig ar ôl glaw.

Cledlyn *g*
Enw nant yng Ngheredigion.

Cledwyn *g*
Mae'n deillio o ffurf hŷn *Clydwyn*. Goresgynnodd *Clydwyn ap Brychan* rannau o dde Cymru yn y bumed ganrif, ac ef oedd tad y saint *Clydog* a *Dedyw*. Mae'n enw ar afon yn Sir Ddinbych.

Clwyd *b/g*
Enw ardal a hen sir.

Clydai *b*
Un o ferched *Brychan* a santes a goffeir yn *Clydau* Sir Benfro.

Clydno *g*
Mae *Clydno Eidyn* yn enw arwr yn yr hen destunau. *Din Eidyn* oedd yr hen enw ar Gaeredin, sy'n awgrymu ei fod yn un o arweinwyr o'r Hen Ogledd.

Clydog *g*
Sant a goffeir ym *Merthyr Clydog*, yr enw Cymraeg ar 'Clodock' Swydd Henffordd. Ceir hanes iddo gael ei ladd gan filwr eiddigeddus gan fod y wraig yr oedd y milwr mewn cariad â hi, wedi addo na phriodai neb ond Clydog. Codwyd capel anwes *Merthyr Clydog* yn y man lle y lladdwyd y sant.

Clydogwen *b*
Enw merch yn seiliedig ar *Clydog*.

Clydwen *b*
Santes a goffeir yn yr enw *Llanglydwen*.

Clydwyn gw **Cledwyn**

Clynnog: Clynog *g*
Enw pentref yng Ngwynedd, lle'r oedd coed celyn yn tyfu 'celynnog'.

Coel *g*
Un o feibion *Cunedda* y cedwir ei enw yn 'Colion' neu 'Coelion'

yn Nyffryn Clwyd ac yn yr enw *Nantcol* neu *Nancol* Meirionnydd. Bu *Coel Hen* (enw arall arno oedd *Coel Godebog*), yn frenin o fri yn yr Hen Ogledd yn y bedwaredd ganrif, gydag awgrym ar un adeg mai dyma wreiddyn *Old King Cole* yr hwiangerdd Saesneg.

Colun *g*
Y tebyg yw mai hen enw yw hwn a geir hefyd ar y ffurf *Colunwy* (fel y ceir *Euron* ac *Euronwy*). Dyma'r enw a gedwir yn yr enwau lleoedd 'Clun', hefyd *afon Clun* a *Pontyclun*.

Colwyn *g*
Afon yng ngogledd Cymru, 'ci bach, neu un bach o epil rhai anifeiliaid eraill'.

Collen *g*
Enw'r sant a gedwir yn *Llangollen*. Dywedir mai *Ethni Wyddeles* merch *Matholwch* brenin Iwerddon oedd ei fam. Ceir hanes am Collen yn herio *Gwyn ap Nudd* brenin Annwfn wedi i Collen gael ei wysio i wledda gyda'r brenin. Diflannodd holl rwysg a moethusrwydd y llys ar ôl i'r sant daenellu dŵr sanctaidd dros bennau gweision Gwyn ap Nudd.

Collwen *b*
Enw santes gynnar neu ffurf fenywaidd ar *Collwyn*.

Collwyn *g*
'llwyn o goed cyll'. *Collwyn ap Tangno* o Harlech yn y nawfed ganrif oedd pennaeth y pumed o bymtheg llwyth brenhinol Gwynedd.

Confoe *g*
Hen, hen enw sydd wrth wraidd *Abercwmboi*.

Cothi *b/g*
Enw afon yn Sir Gaerfyrddin.

Cowlyd *g*
Enw cwm yng Ngwynedd.

Crannog *g*

Cedwir yr enw yn *Llangrannog*, ond *Ogof Crannog* oedd yr enw gwreiddiol. (gw. **Carannog**)

Cranogwen *b*

Enw sy'n seiliedig ar *Crannog* ac enw barddol Sarah Jane Rees, pregethwraig, dirwestraig a morwrwaig

Crasi *b*

O'r enw *Ffynnon Grasi.*

Creiddylad: Creuddylad *b*

Merch *Lludd Llaw Ereint*, y forwyn fwyaf ei mawredd yn ôl chwedl 'Culhwch ac Olwen'. Dyfarnodd y *Brenin Arthur* bod yn rhaid i *Gwythyr ap Greidiol* a *Gwyn ap Nudd* ymladd am ei llaw bob dydd Calanmai hyd ddydd y Farn, a phwy bynnag a enillo ar y diwrnod hwnnw a fyddai'n ei hennill hi. ***Cordeilia***

Creirwy *b*

Merch *Ceridwen* ac un o'r tair merch harddaf yn y byd yn ôl y 'Trioedd' a thystiolaeth y beirdd. (gw. **Garwy**)

Creuddylad gw. **Creiddylad**

Creunant *g*

Enw lle yng Nghwm Dulais, Morgannwg.

Cristiolus *g*

Sant o'r chweched ganrif a goffeir yn yr enw Llangristiolus Ynys Môn.

Crwys *g*

Enw barddol yn wreiddiol, wedi'i sefydlu ar hen air am 'croes' a geir mewn enwau lleoedd fel *Llan-crwys* Caerfyrddin.

Cuhelyn *g*

Enw yn perthyn i achau yn deillio o *Dunod ap Cunedda Wledig*. Dunoding (gwlad Dunod) oedd enw'r cwmwd a ffiniai ag Ardudwy.

Culhwch *g*

Yn y chwedl Athuraidd Gymraeg frodorol 'Culhwch ac Olwen', mab *Cilydd* a *Goleuddydd* oedd Culhwch. Bu farw ei fam pan oedd yn faban ac ail-briododd Cilydd. Oherwydd bod Culhwch yn gwrthod priodi merch ei lysfam, gosodd hi dynged arno na phriodai ef neb ond *Olwen ferch Ysbaddaden Bencawr*. Cyngor Cilydd i'w fab oedd mynd i lys ei ewythr y *Brenin Arthur*, a gofyn cymwynas ganddo i gyflawni'i dynged. Ceir hanes sut y cafodd hyd i Olwen ac am y 43 o anoethau (tasgau amhosibl) y bu raid iddo gyflawni – gyda chymorth Arthur a'i farchogion. Yn y diwedd cwblhawyd y tasgau a lladdwyd Ysbaddaden gan adael Culhwch yn rhydd i briodi Olwen. (gw. hefyd **Cilydd, Doged**)

Cunedda *g*

Yn ôl y traddodiad un o wŷr yr Hen Ogledd (deheudir yr Alban), a ddaeth i ardal Gwynedd yn dilyn ymadawiad y Rhufeiniaid. Gyrrodd Cunedda'r Gwyddelod o'r wlad gan sefydlu llinach teulu brenhinol Gwynedd tua chanol y bumed ganrif.

Curig *g*

Fe'i hadnabuwyd fel *Curig Lwyd* (Sanctaidd) neu *Curig Farchog*. Ceir *Eisteddfa Gurig*, *Capel Curig* a *Llangurig* yn y man lle y mae tair hen wlad, Ceredigion, Arwystli a Maelienydd yn dod ynghyd. Mae hanes Curig wedi cael ei gymysgu gyda sant o'r traddodiad Normanaidd ond fe all ei fod wedi bod yn filwr cyn troi'n fynach. Yr oedd yn nai i *Maelgwn Gwynedd*.

Curwen *b*

'cegyr wen' (*hemlock*) ffurf a geir yn *Gwaencaegurwen*

Gurwyn *g*

Ffurf ar *Curwen*.

Custennin: Cystennin *g*

Enw amlwg yn yr hanes cynnar pan fu'r Rhufeiniaid yn teyrnasu ar Brydain. Mae'n enw sy'n deillio o'r enw ymherodrol ***Constantine***. *Custennin/Cystennin ap Macsen Wledig* o'r bedwaredd ganrif yw'r Custennin cynharaf. Yr oedd y *Brenin Arthur* yn ŵyr i Custennin Fendigaid o'r bumed ganrif a'r tebyg yw mai *Custennin Gorneu* (o Gernyw) yw'r Custennin hwn a gysylltir gyda'r *Brenin Arthur* yn y chwedlau cynnar.

Cwyfan *g*

Sant pentrefi *Llangwyfan* ym Môn ac yng Nghlwyd a gysylltir gyda'r sant Gwyddelig Cóemgan. ***Kevin***

Cwyllog *b*

Cwyllog merch Caw y cysylltir ei henw â *Llangwyllog* Ynys Môn. Efallai mai 'Gwrddelw' oedd ffurf wreiddiol yr enw, un o saint Celtaidd y bumed ganrif a oedd yn fab i *Caw*.

Cybi *g*

Un o saint Celtaidd y bumed ganrif a goffeir yn *Llangybi* a *Caergybi*. Y tebyg yw iddo gael ei eni yng Nghernyw cyn mynd oddi yno i Iwerddon. Croesodd o Iwerddon i Ynys Môn a phan gyfarfu â *Maelgwn Gwynedd* derbyniodd Cybi ganddo *gaer Maelgwn* ym Môn yn rhodd elusennol. Enw'r gaer ers hynny yw *Caergybi*. Mae yna draddodiad bod *Seiriol* a Cybi yn arfer cyfarfod â'i gilydd ger Penmon, Ynys Môn. Wrth i Cybi gerdded i wyneb yr haul, i'r dwyrain yn y bore ac i'r gorllewin yn yr hwyr, tywyllodd ei groen, tra bo Seiriol wrth gerdded y ffordd arall wedi cadw ei bryd golau. Dyna egluro yr enwau *Seiriol Wyn* a *Cybi Felyn*. Mae traddodiad arall yn sôn bod Cybi yn bresennol pan bregethodd *Dewi Sant* ei bregeth enwog yn Llanddewibrefi a cheir enw pentref *Llangybi* gerllaw i'n hatgoffa am hyn. Amrywiad at yr enw yw *Cibi*.

Cydifor gw. **Cadifor**

Cyfeiliog *g*

Esgob Ergyng yn y ddegfed ganrif. Ceir hanes iddo gael ei gipio gan y Daniaid ac yna'i ryddhau am dâl o £40.

Cyfelach *g*

Y sant a goffeir yn *Llangyfelach* yng Ngŵyr.

Cyffin *g*

Enw nentydd yng Nghaernarfon, Ceredigion a Mynwy yn arbennig rhai sy'n dynodi ffin rhwng dwy ardal. Daeth yn gyfenw poblogaidd ym Mhowys a'r gororau.

Cymry

Yr un oedd enw'r wlad a'i phobl sef 'Cymry' cyn i William Salesbury wahaniaethu rhyngddynt yn yr unfed ganrif ar bymtheg. Rhywun o'r un fro oedd *Cymro* yn wreiddiol; *Cymry* oedd pobl o'r un fro, a *Cymru* oedd enw'r fro (neu wlad) honno. Yr un ffurfiau a geir yn *Cumbria* a *Cumberland*. I'r rhai oedd yn byw y tu allan i'r fro, dieithriaid oedd pobl y fro, gair Germaneg am ddieithryn oedd *wealh* gyda *wealas* yn ffurf luosog. Dieithriaid, *Wealas/Welsh* oedd y Cymry i'r Saeson cynnar.

Cynan *g*

Hen, hen enw a gysylltir â'r 'mab darogan' a ddaw i adfer hen fri y Cymry. Cysylltir *Cynan Meriadog*, brawd *Elen Luyddog*, â *Macsen Wledig*, ac yn yr hanesion cynnar dywedir iddo, ar ôl cynorthwyo Macsen i fod yn Ymerawdwr y Rhufeiniaid, oresgyn gwlad Llydaw. Lladdodd y dynion i gyd a thorri tafodau'r gwragedd, rhag iddynt lygru iaith y concwerwyr, a thrwy hyn droi Llydaw yn wlad Gristnogol. Yr oedd *Cynan Garwyn* yn dywysog enwog ar Bowys yn ystod y chweched ganrif, ac y mae'r bardd Taleisin yn canu mawl iddo fel milwr dewr ac arweinydd Mae *Cynan* yn cyfateb i'r enw Gwyddeleg *Conan*. Cedwir yr enw yn *Blaen Cynan* a *Cwm Cynan*. **Conan**

Cyndeyrn *g*

Un o saint Celtaidd y chweched ganrif a ddaeth o'r Hen Ogledd, ef yw nawddsant archesgobaeth Glasgow. Dywedir ei fod yn athro ar *Asaff* yn Llanelwy a chedwir ei enw yn *Llangyndeyrn* Sir Gaerfyrddin. **Kentigern**

Cynddylig *g*

Ffurf fachigol ar *Cynddelw*, mae'n enw ar sant y ceir capel iddo yn Llanrhystud (Ceredigion). Dyma enw hefyd ar un o feibion

Llywarch Hen gydag awgrym yn yr englynion a luniwyd er cof amdanynt nad ystyriwyd Cynddylig cymaint o arwr â'i frodyr gan ei dad.

Cynddylan *g*
Yr oedd *Cynddylan Cyndrwyn* yn dywysog Powys yn y chweched ganrif ac yn destun chwedl nad yw ond ei henglynion wedi goroesi. Yn y cerddi hyn, y mae *Heledd* chwaer Cynddylan yn galaru ar ôl ei brawd a'i theulu a laddwyd mewn brwydr yn amddiffyn Tren, a'i lys ym Mhengwern.

Cynfab *g*
'y mab hynaf'. Sant a goffeir yn *Capel Cynfab* ym mhlwyf Llanfair-ar-y-bryn.

Cynfael: Cynfal *g*
Brenin Caerloyw, un o frenhinoedd y Brythoniaid a laddwyd ym mrwydr Deorham (577), y frwydr lle y torrwyd Brythoniaid Cernyw i ffwrdd o gysylltiad uniongyrchol â Brythoniaid Cymru. **Conmail**

Cynfarch *g*
Sant *Llangynfarch* (St Kinmark ger Caswent) un o ddisgyblion *Dyfrig* Sant. Yr oedd *Cynfarch Oer* (swrth) yn un o wŷr yr Hen Ogledd yn y bumed ganrif. Ni chedwir hanesion amdano yng Nghymru, ond yr enw a roddwyd ar ei ddisgynyddion yng Nghymru gan olrheinwyr achau oedd 'y Cynferchyn'.

Cynfarwy *g*
Sant *Llechgynfarwy* (neu efallai 'Llangynfarwy') Ynys Môn. Fe'i cyfrifir yn ddisgybl i *Cybi* Sant, ac yn ôl yr achau ei dad oedd *Awy Luyddog* o Gernyw.

Cynfelyn *g*
Brenin ardal a adnabyddir heddiw fel 'Essex' a 'Surrey' tua 30 OC. Erbyn tua 470 yr oedd Cynfelyn arall yn cael ei restru yn un o linach *Meiriawn* (Meirionnydd) a *Ceredig*, ac ef yw'r sant a goffeir yn *Llangynfelyn* a *Sarn Gynfelyn* Ceredigion. Daw'r enw o hen ffurf *cuno-belinos*. **Cymbeline**

Cynfor *g*

Yr oedd *Cynfor ap Tudwal* yn byw tua 400 OC ac yn un o gyndeidiau rhai o fonedd Cernyw a Dyfnaint, tra'r oedd *Cynfor Cadgaddug* yn un o amddiffynwyr cynnar Prydain yn ôl 'Trioedd Ynys Prydain', cedwir yr enw yn *Garthgynfor* fferm ym Meirionnydd.

Cynfran *g*

'y frân flaenaf; tywysog'. Sant a goffeir yn *Llangynfran* hen enw ar *Llysfaen* yn Rhos, Gwynedd, lle ceir *Ffynnon Gynfran*.

Cynfrig gw. **Cynric**

Cynfwr *g*

Sant a goffeir mewn eglwys nad yw'n bod rhagor, sef *Llangynfwr* ger Llanrhidian ym Mro Gŵyr (gw. hefyd **Cynnwr**)

Cynfyn *g*

Enw a ymddengys yn yr hen achau, sydd hefyd yn gysylltiedig gyda rhai o esgobion y nawfed ganrif. Mae *Ysbyty Cynfyn* yng Ngheredigion.

Cynfyw *g*

Sant o'r chweched ganrif oedd yn fab i *Gwynllyw*. Y tebyg yw mai dyma sant *Llangynyw* Powys a *Llangyfiw* yng Ngwent.

Cynffig *g*

Hen enw personol sydd wrth wraidd *Abercynffig*, a *Mynyddcynffig*.

Cyngar *g*

Mab *Geraint ab Erbin* ac un o saint y bumed ganrif a goffeir yn *Llangefni* (Ynys Môn), *Trefilan* Ceredigion a *Llangyngar* (Hope) Powys. Yr oedd yn ddisgybl i *Cybi* Sant.

Cyngen *g*

Mab *Cadell ap Brochwel*, brenin olaf Powys a fu farw yn 855 OC. Cododd Cyngen golofn *Eliseg* yn Nyffryn Llangollen er cof am ei hen dad-cu *Elise ap Gwylog* un o sefydlwyr llinach brenhinoedd Powys.

Cynhaearn *g*

Cynhaearn ap Cerfael a fu fyw tua 580, sant *Ynyscynhaearn*. Gellir cymharu'r enw ag *Aelhaearn* a *Talhaearn*.

Cynhafal *g*

Sant o'r chweched ganrif a goffeir yn *Llangynhafal* Dyffryn Clwyd. Mae sôn am Cynhafal fel arweinydd ac ymladdwr dewr ac fe'i cysylltir â chwedlau am Enlli neu *Benlli* Gawr.

Cynheiddon *b*

Santes eglwys *Llangynheiddon*, eglwys nad yw'n bod rhagor, ym mhlwyf Llandyfaelog, Caerfyrddin. Mae'n cael ei henwi yn un o ferched cysegredig *Brychan*.

Cynidr *g*

Sant Celtaidd o'r bumed ganrif a goffeir yn *Llangynidr* (Brycheiniog), brawd *Cadog* Sant.

Cynin *g*

Sant *Llangynin* ger Sanclêr Caerfyrddin. Mae'r enw yn deillio o'r Wyddeleg *Cunignos*, enw ar garreg goffa yn Eglwys Gymyn yn coffau *Avitoria* ferch Cunignos. Yr oedd *Cynin Gof* yn un o wyrion *Brychan* a chedwir yr enw yn *afon Gynin* a *Tregynin*.

Cynlas : Cynlais *g*

Cynlas Goch ab Owain Danwyn oedd un o frenhinoedd y bumed ganrif y bu *Gildas* yn taranu yn eu herbyn yn ei Hanes. Fe'i cyhuddir o fod yn ormeswr gwaedlyd ac anllad (fel pob un o'r lleill yr oedd Gildas yn ysgrifennu amdanynt). Cysylltir enw Cynlas Goch â Gwynedd, ond cedwir yr enw Cynlais yn *Ystradgynlais* a *Coedcanlas* (Penfro).

Cynllaith *g*

Enw cwmwd ac enw personol a gedwir yn 'ma' (maes) Cynllaith sef *Machynlleth*.

Cynllo *g*

Sant o'r bumed ganrif a brawd *Teilo Sant*. Yr oedd yn gyfoeswr â *Tydecho* a *Padarn*. Cedwir ei enw yn *Llangynllo*, ac yn ardal

Llangoedmor sonnir am ôl Traed March Cynllo ac am ôl Gliniau Cynllo, lle bu'n gweddïo. Mae'n dod o hen ffurf *cuno-loig* yn golygu 'llo flaidd'.

Cynnwr *g*

Sant a fu'n ddisgybl i *Sant Dubricius* ac a goffeir yn *Llangynnwr* a *Capel Cynnwr* ger Pen-bre Caerfyrddin. Efallai mai ffurf yw ar *Cynfwr* (uchod).

Cynog *g*

Rhoddwyd *Brychan ap Anlach* yn wystl i *Banadl* brenin Powys, gan ei dad. Mab Brychan a *Banhadlwedd* ferch Banadl oedd Cynog, sant o'r bumed ganrif. Cyflwynir nifer o eglwysi iddo yn ardal Brycheiniog. Y mae sôn hefyd am y torch aur a roddwyd gan Brychan i'w fab, yn bedwar darn o aur gyda phen ci yn y canol – mae'r enw *Cynog* (fel Cynon) yn gysylltiedig â 'ci' neu 'cŵn'.

Cynon: Cynan *g*

Yn ei ffurf hynaf, sef enw'r afon a geir yn *Abercynon*, mae'n hen, hen enw, efallai yn deillio o enw un o'r duwiau Celtaidd *cunonos* 'helgi mawr', ac felly yn gysylltiedig â chi a chŵn. Bu hefyd yn enw ar un o saint Celtaidd y bumed ganrif, a dyma'r enw a geir yn *Capel Cynon* a *Tregynon*. *Cynon ap Clydno* oedd y mwyaf arwrol o'r holl filwyr a frwydrodd ym mrwydr Catraeth a glodforwyd yn y farddoniaeth hynaf sydd ar gael yn Gymraeg gan y bardd *Aneirin* yn y chweched ganrif.

Cynric: Cynrig *g*

Ffurf ar *Cynfrig* neu *Cynwric*, enw sy'n digwydd yn achau llwythau bonedd y Gogledd. Cedwir yn enw ar nifer o afonydd. Ffurf arall ar yr enw yma a geir yn *Kenrick* yn Whittington Swydd Amwythig ac yn *Kendrick*.

Cynwal *g*

Enw sant a goffeir efallai yn *Llangynwalan* ym Mro Gŵyr. Yr oedd *Cynwal Garnhwch* yn un o'r cymeriadau a enwir yn 'Culhwch ac Olwen'. Mae ffurfiau Gwyddeleg a Chymraeg yr enw yn deillio o'r enw Brythoneg *Kuno-valo-s*.

Cynwil gw. **Cynwyl**

Cynwrig gw. **Cynfrig**

Cynwyd *g*
Y sant a goffeir yn *Llangynwyd Fawr* ac enw a gysylltir â brenhinoedd yr Hen Ogledd ger Strathclyde.

Cynwyl *g*
Sant a enwir yn 'Culhwch ac Olwen' yn un a ddihangodd yn fyw o Frwydr Camlan. Fe'i cysylltir ag Aberporth ac â *Cynwyl Gaeo* a *Cynwyl Elfed*.

Cynyr *g*
Ceir tri chymeriad o'r enw yma yn perthyn i hen hanes a chwedl; y Cynyr hanesyddol oedd Cynyr a gysylltir â *Caer Gawch* neu *Caer Goch* ym Mynwy, ef oedd tad *Non*, mam *Dewi Sant*. *Cynyr Ceinfarfog* oedd tad *Cei Hir* un o ddau gyfaill *Arthur* y Cymry. *Cynyr Farfwyn* oedd tad y pum sant a gofir yn *Pumsaint*, a *Llanpumsaint* Sir Gaerfyrddin – *Gwyn*, *Gwynno*, *Gwynoro*, *Ceitho* a *Celynin*.

Cystennin gw. **Custennin**

Cywair *b*
Y santes y cedwir ei henw yn *Llangywer*. Dywedwyd bod *Ffynnon Gywer* yn ffynnon wedi'i lleoli yng nghanol Llyn Tegid presennol. Yr oedd gofyn bod clawr yn cael ei osod drosti bob nos, Llyn Tegid yw'r canlyniad i'r methiant i'w gorchuddio un noson.

D

Dafi *g*
Ffurf anwes ar *Dafydd*.

Dafina *b*
Ffurf fenywaidd ar *Dafydd*.

Dafydd *g*
Ffurf Gymraeg ar yr enw Beiblaidd. ***David***

Dai: Dei *g*
Ffurfiau bychanig ar *Dafydd.*

Dalis *g*
Enw'n gysylltiedig â Llanbedr Pont Steffan lle ceir *Ffynnon Dalis*, a lle y cynhaliwyd *Ffair Dalis*. Ffurf yw ar *Gwyddalus*, enw sant a gysylltir â *Dihewyd* Ceredigion a enwyd gynt yn *Llwynwyddalus*.

Dansi *g*
Ceir *Bryn Dansi* ger Conwy.

Daron: Daronwy *b*
Duwies y dderwen (neu'r *ddâr*) fel a geir yn *Aberdaron*. *Daronwy* yw ffurf arall ar yr enw a geir yn *Pont Dronwy*.

Darren *g*
Fel yn *Pen y Darren* o 'tarren' (esgair, cefn mynydd).

Dathan *g*
Ffurf wrywaidd ar enw'r santes *Tathan,*

Dedwydd *g/b*
'bodlon eich byd'.

Dedyw *g*
Sant a goffeir yn *Llanddeti* (Brycheiniog).

Deganwy *b/g*
Llys *Maelgwn Gwynedd* ac enw pentref yng Nghonwy.

Degwel gw. **Dogfael**

Deheuwaint *g*
Hen, hen enw yn gysylltiedig â Gwynedd a Chlwyd, a'r enw sydd ynghlwm wrth y 'garth' yn *Garthewin*.

Dei gw. **Dai: Dei**

Deian *g*
Ffurf fachigol ar *Dei*.

Deicws *g*
Ffurf anwes ar *Dai, Dei*.

Deigr *g*
Enw chwedlonol mab i *Dyfnwal Hen*. Cysylltir yr enw (ar gam mae'n debyg) â *Tredegyr* (*tref Deigr*).

Deilwen *b*
Ffurf fenywaidd ar *Deilwyn*.

Deilwyn: Deulwyn *g*
Ffurf ar *Delwyn*.

Deiniol *g*
Un o saint Celtaidd y chweched ganrif a sylfaenydd y fynachlog ym Mangor Fawr yn Arfon, ei dad oedd *Dunod*, abad Bangor Is-coed. Cedwir ei enw mewn sawl *Llanddeiniol* ar draws Cymru.
Daniel

Deiniolen *g*
Mab *Deiniol* oedd Deiniolen, y sant y cedwir ei enw yn *Llanddeiniolen*. Ffurf arall ar yr enw oedd *Deiniolfab* a dyma'r ffurf a geir yn *Llanddeiniol-fab* neu *Llanddaniel-fab* ar Ynys Môn.

Deio *g*
Ffurf ar *Dai*.

Del *b*
'tlws', hefyd ffurf fachigol o *Delyth*.

Delfryn *g*
'bryn hardd'

Delor *b*
Ffurf ar *Telor*.

Delwyn *g*
Enw yn cynnwys 'del'a 'gwyn'.

Delyth *b*
Enw yn seiliedig ar 'del'.

Derfel *g*
Yn wreiddiol *Derwfael*, sant Celtaidd, yn byw yn y chweched
ganrif. Bu'n filwr medrus yn ei ieuenctid ac ennill yr enw *Derfel
Gadarn*. Daeth yn sant a chyffeswr a chodwyd delw bren fawr
ohono yn eglwys *Llandderfel*. Ond yn ystod y Diwygiad
Protestannaidd, anfonwyd y delw i Lundain ac yn 1538 fe'i
ddefnyddiwyd yn danwydd i losgi'r merthyr Pabyddol, John
Forest.

Deri *g*
'coed derw'.

Derwen: Derwyn *g*
'coeden dderw'.

Derwena *b*
Enw merch yn seiliedig ar *Derwen*

Derwydd *g*
druid.

Derwyn gw. **Derwen**

Deryn *b/g*
Enw yn deillio o 'aderyn'.

Deudraeth *g/b*
Fel yn *Penrhyndeudraeth*.

Deulwyn *g*
Ffurf ar *Delwyn*.

Dewi *g*
Dauid-us oedd y ffurf Ladin ar frenin *Dafydd* y Beibl. Byddai hyn
yn troi'n *Dewydd* yn Hen Gymraeg, ac yn yr un ffordd y mae
newydd yn troi'n *newi* ar lafar yn Sir Benfro, felly *Dewydd* yn *Dewi*
(neu *Dewy*). Mab *Sanct* brenin Ceredigion a *Non* oedd Dewi ac

un o saint y chweched ganrif. Bu'n ddisgybl i *Peulin* gan adfer golwg ei athro. Gyda'i ddilynwyr *Aeddan*, *Teilo* ac *Ysfael*, sefydlodd fynachlog yng *Nglyn Rosyn* wedi iddo orchfygu pennaeth lleol *Bwya* a'i wraig. Fe'i hadnabuwyd fel *Dewi Ddyfrwr* (un na yfai ddim ond dŵr). Cafodd ei sefydlu'n esgob ynghyd â *Teilo* a *Padarn* gan batriarch Caersalem. Perswadiwyd Dewi i bregethu yn erbyn heresi *Pelagiws* yn *Llanddewibrefi* lle cododd y ddaear er mwyn i bawb gael ei weld a'i glywed. Ar ben y bryncyn yma y codwyd Eglwys Llanddewibrefi. Dewi oedd Archddiacon Prydain a bu farw ar Fawrth 1af yn 147 oed.

Dic *g*
Ffurf fachigol ar **Richard**.

Dicw: Dicws *g*
Ffurf anwes ar *Rhisiart Wyn*.

Diheufyr *g*
Un o saint Celtaidd y chweched ganrif yn fab i *Hawystl Gloff* a *Tywanwedd* ferch *Amlawdd Wledig*. Ceir *Dier* a *Deifer* hefyd yn ffurfiau ar ei enw. Fe'i coffeir yn *Bodfari* yn Nhegeingl ac yn hen ffynnon *Ffynnon Ddier*.

Dilwen *b*
Enw merch yn seiliedig ar *Dilwyn*.

Dilwyn *g*
'dilys', 'gwyn' (hardd, sanctaidd).

Dilys *b*
'diffuant', 'cymeradwy'

Dingad *g*
Enw yn seiliedig ar 'din'(caer) a 'cad' (brwydr) 'cadernid mewn brwydr'. Yr oedd dau Dingad enwog. *Dingad ap Brychan* y sant a goffeir yn *Llandingad* (eglwys plwyf tref Llanymddyfri) a *Llanddingad* (Dingestow). Y llall oedd *Dingad ap Nudd Hael* (o'r chweched ganrif) a enwir yn dad i lu o saint, gan gynnwys *Baglan*, *Eleri*, *Tygwy* a *Tyfrïog*.

Dinmael *g*

Enw lle ym Meirionnydd.

Dochau: Docgwyn *g*

Y sant a goffeir yn *Llandoche* (*Landough*) ger Caerdydd. Ceir hanes amdano yn cymodi rhwng *Arthur* a *Cadog* yn Nhref Redynog (Gwent). Ef oedd sylfaenydd mynachlog *Docco* yng Nghernyw (a ddaeth yn *St Kew* wedi hynny) a chyfeirir ato hefyd fel 'St Dawe'. Ceir ei enw ar y ffurfiau 'Tohou' a 'Doha' yn Llydaw.

Doewan *g*

Sant ac un o feibion Brychan, cedwir ei enw yn y ffurf *Dogfan* yn *Ffynnon Dogfan*.

Doged *g*

Yn 'Culhwch ac Olwen', ceir yr hanes yn dilyn marwolaeth *Goleuddydd* (mam *Culhwch*) sut y cymerodd y brenin *Cilydd* (tad Culhwch) wraig y brenin Doged yn wraig iddo'i hun ar ôl i'w filwyr ladd Doged. Gwraig Doged oedd yr un a dyngodd lw na châi Culhwch wraig, oni bai iddo ennill llaw *Olwen* (merch Ysbaddaden Bencawr), ar ôl i Culhwch wrthod priodi merch ei lysfam. Bu *Doged ap Cedig ap Ceredig* fyw yn y bumed ganrif, a'r *Doged Frenin* yma yw'r sant a goffeir yn *Llanddoged*.

Dogfael *g*

Enw yn cynnwys 'dog' yn debyg i'r ffurf Wyddeleg *doch* 'cymryd, cipio' a 'mael' yn golygu 'tywysog'. *Dogfael ab Ithel ap Ceredig* yw'r sant a goffeir yn *St Dogmael's*. Ffurf arall ar yr enw oedd *Degwel*. Ceir hanes bod *Tydecho* Sant wedi aros am gyfnod gyda Dogfael yn *Llandudoch*, a dyma sylfaen yr enw Cymraeg. Yr oedd Dogfael arall yn fab i *Cunedda Wledig*, a dyma'r Dogfael a geir yn enw'r cwmwd yn Nyffryn Clwyd, *Dogfeiling*. Abaty a godwyd gan y Benedictiaid yw'r olion a welir heddiw yn Llandudoch.

Dogfan gw. **Doewan**

Doli *b*

Ffurf anwes ar *Dorothy*.

Dôn *b*

Duwies Geltaidd sy'n enwog yn y chwedlau Cymraeg am ei phlant. *Gwydion, Amaethon, Gofannon, Gilfaethwy* ac *Arianrhod* yw'r rhai amlycaf.

Dona *b*

Ffurf ar *Dôn*.

Dona *g*

Dona ap Selyf, sant o'r chweched ganrif a goffeir yn *Llanddona* ar Ynys Môn, lle ceir yr enw *Bryn Dona* hefyd.

Dorti *b*

Ffurf anwes ar **Dorothy**.

Drystan *g*

Ffurf hŷn ar *Trystan*.

Dulais *g*

Enw ar nifer o afonydd.

Dunod *g*

Yr oedd un *Dunod* yn abad Bangor Is-coed, ac ef a atebodd ar ran esgobion y Brythoniaid yn eu cyfarfod ag *Awstin* Sant tua'r flwyddyn 603 pan geisiodd Awstin, mewn ffordd ddigon haerllug, gael y Brythoniaid i fabwysiadu dulliau a thraddodiadau'r Eglwys Rufeinig. Ymwrthod â'i gais a wnaeth y Brythoniaid. Yr oedd *Dunod Fawr ap Pabo Post Pryden* yn un o ymladdwyr y Brythoniaid yn y chweched ganrif fe'i henwir yn y 'Trioedd' fel brwydrwr dewr.

Dunwyd *g*

Y sant a goffeir yn *Llanddunwyd* a *Sain Dunwyd*, cyfoeswr efallai â *Cadog* a *Tathan*. **Donat**

Dwyfan *b*

Yr oedd 'dwyw' yn hen furf ar 'duw'.

Dwyfor *g/b*
Enw afon yng Ngwynedd.

Dwynwen *b*
Un o ferched *Brychan* a ddaeth yn santes. Aeth hi a'i chwaer *Ceinwen* i Ynys Môn a sefydlu celloedd heb fod ymhell o'i gilydd. Cedwir yr enw yn *Llanddwyn* neu *Llanddwynwen* ar Ynys Môn a bu pererindota i *Ffynnon Ddwynwen* ar Ionawr 25 ei dydd Gŵyl. Yn ôl yr hanes yr oedd gŵr ifanc o'r enw *Maelon* mewn cariad â Dwynwen ac yn dymuno ei phriodi. Breuddwydiodd Dwynwen iddi yfed swyn a'i rhyddhâi hi o'i nwydau ac a droes *Maelon* yn ddarn o iâ. Felly gweddïodd am dri pheth, bod Maelon yn dadmer, bod gwir gariadon yn llwyddo yn eu cais am gariad neu yn cael eu gwella o glwyf cariad, a gofyn na châi hi fyth yr awydd i briodi. Dyna bryd yr aeth i Ynys Môn yn lleian. Hi yw nawddsant cariad y Cymry a dethlir ei gŵyl ar Ionawr 25. Enw arall yn seiliedig ar 'Dwyn' yw *Enddwyn*, santes *Llanenddwyn* yn Ardudwy.

Dwyryd *b/g*
Enw afon yng Ngwynedd.

Dwysan *b*
Enw merch o 'dwys'.

Dwysli *b*
Dulcie

Dwywe *g*
Dwywe ap Hywel, sant o'r bumed ganrif a goffeir yn *Llanddwywe* yn Ardudwy.

Dydd *g/b*
'diwrnod'.

Dyddgu *b*
Merch brydferth wedi'i hanfarwoli ym marddoniaeth Dafydd ap Gwilym.

Dyfan *g*

Enw person ac enw afon yn seiliedig ar 'du'. Fe all fod yn enw sant hefyd fel yn yr enw *Merthyr Dyfan* ger y Barri.

Dyfed *g*

Enw rhanbarth yn ne-orllewin Cymru yn deillio o enw'r hen hen lwyth a fu fyw yn y rhan honno o'r wlad y '*Demetae*'.

Dyfi *g/b*

Enw afon yn ngogledd Cymru.

Dyfnallt *g*

Enw yn cyfuno 'dwfn' a 'gallt'.

Dyfnan *g*

Y sant a goffeir yn *Llanddyfnan* ar Ynys Môn, un o feibion *Brychan* yn ôl yr achau.

Dyfnant *g/b*

Enw lle ger Abertawe.

Dyfnog *g*

Yr oedd sant o'r chweched ganrif o'r enw *Dyfnog ap Medrod ap Cawrdaf*, ac enw arall ar *Llanrhaeadr yng Nghinmeirch* oedd *Llanddyfnog*, a cheir *Llanfair Llwythyfnwg* (*Dyfnog?*) ym Mhowys (Maesyfed).

Dyfnwal *g*

Enw ar nifer o frenhinoedd ac arwyr yn gysylltiedig â Strathclyde yn yr Hen Ogledd.

Dyfri *g/b*

Fel yn *Llanymddyfri*.

Dyfrig *g*

Y cyntaf o seintiau'r Eglwys Geltaidd. Bu fyw tua chanol y bumed ganrif a'r traddodiad yw ei fod yn ddisgybl i *Garmon* a thrwy hynny yn cadw'r traddodiad Rhufeinig o Gristnogaeth. Cysylltir ei enw â'r hen ardal *Erging* (swydd Henffordd heddiw). Dywedir bod *Samson* prif Sant Llydaw wedi'i gysegru gan Dyfrig pan oedd yn fynach dan *Illtud* yn *Llanilltud Fawr*.

Dyfyr *b*
Un o'r merched hardd sy'n cael eu henwi yn 'Trioedd Ynys Prydain', yr oedd *Dyfyr Wallt Euraid* yn gariad *Glewlwyd Gafaelfawr* prif borthor llys y *Brenin Arthur*.

Dylan *g*
Yn 'Math ap Mathonwy' pedwaredd gainc 'Pedair Cainc y Mabinogi', er mwyn profi a oedd *Arianrhod* yn forwyn, gofynnodd *Math* iddi gamu dros hudlath. Y canlyniad oedd geni mab iddi â thrwch o wallt euraid a fedyddiwyd gan Math â'r enw *Dylan*. Ar unwaith fe lamodd at y môr lle y nofiai fel pysgodyn a chymryd arno holl gymeriad yr eigion ac ennill yr enw *Dylan Ail Ton*. Bu farw o ergyd a dderbyniodd gan ei ewythr *Gofannon*. Ceir *Maen Dylan* yn enw ar benrhyn yn Arfon.

E

Ebrill *b*
'pedwerydd mis y flwyddyn'.

Ebrillwen *b*
'Ebrill' a 'gwen'.

Edelig *g*
Mab *Glywys* yr enwyd teyrnas *Glywysing* (tir Glywys) a chantref *Edeligion* (tir Edelig) yng Ngwent ar eu hôl

Edern *g*
Mab *Cunedda Wledig* (yn y bumed ganrif) a roes ei enw ar *Edeirnion* ('gwlad Edern'). Yn ddiweddarach ceir *Edern ap Beli ap Rhun ap Maelgwn Gwynedd* o'r chweched ganrif, y sant a goffeir yn *Bodedern*. Y mae yna Edern chwedlonol y sonnir amdano yn 'Culhwch ac Olwen', yn frawd i *Gwyn ap Nudd*. Ar y ffurf '*Yder*' neu '*Ider*' mae'n gymeriad sy'n ymddangos yn y chwedlau am *Arthur* a luniwyd ar y cyfandir.

Ederyn *g*
Ffurf ar *Aderyn*.

Edi *g*
Ceir *Llanedi* yn Ystrad Tywi, ac yn ôl traddodiadau lleol coffeir ei faint anarferol gan *Ogo'r Cawr* neu *Ogof Gŵyl Edi* a *Gwely Edi*.

Ednowain gw. **Ednywain: Ednowain**

Ednyfed *g*
Un o dywysogion cynnar (tua'r wythfed ganrif) a gysylltir â Meirionnydd.

Ednywain: Ednowain *g*
Ednywain Bendew o Fflint oedd pennaeth y trydydd llwyth ar ddeg o bymtheg llwyth brenhinol Gwynedd ac yr oedd *Ednywain ap Bradwen* yn bennaeth ar y pymthegfed o bymtheg llwyth brenhinol Gwynedd.

Edren *b*
Enw santes gynnar iawn a goffeir yn *Carnhedryn* yn Sir Benfro.

Edryd *g*
Edryd Wallt Hir yw'r enw a roddir ar y Sais, *Aethelred* o 'Mercia' yn y testunau Cymraeg, brenin a orchfygwyd gan *Anarawd ap Rhodri Mawr* yn *Gwaith* (brwydr) *Cymryd Conwy*. Ceir *Crugiau Edryd* ger Llanbedr Pont Steffan (Ceredigion).

Edwen *b*
Y santes a goffeir yn *Llanedwen* ar Ynys Môn, mae yna hanes ei bod yn ferch neu yn nith i *Edwin* brenin Northumbria.

Edwin: Edwyn *g*
Coffeir *Edwin ap Goronwy*, arglwydd Tegeingl, pennaeth y deuddegfed o bymtheg llwyth brenhinol Gwynedd yn enw *Llys Edwin* ym mhlwyf Llaneurgain yn Sir y Fflint. *Edwin ap Gwiriad* oedd brenin annibynnol olaf Gwent.

Efa *b*
Gwraig Adda yn y Beibl. ***Eve***

Efeilian *b*
Merch *Cadfan* a mam *Egryn* Sant, a oedd yn un o 'Tair Gwraig Ffyddlon Ynys Prydain'.

Efrddyl *b*
Er oedd un Efrddyl yn ferch i *Cynfarch* ac yr oedd hi a'i brawd *Urien Rheged* yn efeilliaid. Enwyd *Ynys Efrddyl* yn swydd Henffordd ar ôl *Efrddyl ferch Peibio*, mam *Dyfrig* Sant, felly hefyd *Llanerthyl* ger Llandenni (Gwent).

Efydd *g*
Y tebyg yw mai ffurf ar *Eunydd* yw, un o feibion y dduwies Geltaidd *Dôn*.

Egroes *b*
'Ffrwythau coch y rhosyn gwyllt'.

Egryn *g*
Y sant a goffeir yn *Llanegryn*, hefyd un o hynafiaid tywysogion Powys.

Egwad *g*
Enw'r sant a gedwir yn *Llanegwad*.

Enghenedl *b*
Enghenedl ferch Elise, santes o'r wythfed ganrif a goffeir yn *Llanynghenedl* ym Môn.

Ehedydd: Hedydd *g*
Enw'n seiliedig ar enw'r aderyn.

Eic *g*
Ffurf fachigol, anwes, ar Isaac.

Eiddig *g*
'angerddol', 'brwd', enw nant sy'n rhedeg drwy *Goed Eiddig* i afon Teifi.

Eiddon *g*

Eiddwen *b*
o 'addfwyn', enw llyn yng Ngheredigion.

Eiddwyn *g*
Enw bachgen yn seiliedig ar *Eiddwen*.

Eifion *g*
Mab *Dunod fab Cunedda* a roddodd ei enw i'r cwmwd *Eifionydd*.

Eifiona *b*
Enw merch yn seiliedig ar *Eifion*.

Eigion *g*
Un o saint Celtaidd y chweched ganrif a goffeir yn *Llaneigion* (*Llanigon*) ym Mrycheiniog.

Eigr: Eigra *b*
Merch *Amlawdd Wledig* a mam y *Brenin Arthur*. Hi oedd y wraig brydferthaf ym Mhrydain. Lladdwyd ei gŵr *Gorlois* gan *Uthr Pendragon*, cyn ei chymryd yn wraig iddo'i hun. **Ygerne, Igraine**

Eilfyw *g*
Sant Celtaidd o'r bumed ganrif a goffeir yn *Llaneilfyw* Sir Benfro, yn ôl yr achau yr oedd yn gefnder i *Ddewi Sant*, ac yn ôl y traddodiad Eilfyw a fedyddiodd Dewi. **Elvis** (gw. hefyd **Elfyw**)

Eilian: Elian *g*
Eilian neu *Eilan Geimad* yw'r sant o'r chweched ganrif a goffeir yn *Llaneilian* ar Ynys Môn ac yn Rhos, Gwynedd a cheir *Ffynnon Elian* yn y ddau le. Yr oedd Eilian a'i eglwys yn boblogaidd iawn ym Môn a chafodd lawer o dir gan *Cadwallon Lawhir* brenin Gwynedd. (gw. hefyd **Efeilian**)

Eilio *g*
Ceir *Moel Eilio* yn ardal yr Wyddfa.

Eiliona *b*
Enw merch yn seiliedig ar *Eilian*.

Eilir: Eilyr *b/g*

Enw yn seiliedig ar y gair Cymraeg am 'iâr fach yr haf', hefyd gair gwneud gan Iolo Morganwg – 'Alban Eilir' 'cyhydnos y gwanwyn'. (cf. **Alaw, Alwyn**)

Eiliwedd: Elwedd *b*

Y santes a goffeir yn *Llanelwedd*, un o ferched sanctaidd *Brychan*.

Eilonwy *b*

'eilon', alaw yn ôl camesboniad gan William Owen-Pughe (cf. **Alaw**).

Eiluned *b*

Ffurf ar *Eluned*.

Eilwen *b*

Ffurf ar *Aelwen*.

Eilwyn *g*

Ffurf ar *Aelwyn*.

Eilyr *b/g*

Ffurf ar *Eilir*.

Einion *g*

Enw amlwg yn hanes cynnar Cymru. *Einion Yrth* (clwyfedig) oedd mab *Cunedda Wledig* a ddaeth i Gymru o Manaw Gododdin yn yr Hen Ogledd yn gynnar yn y bumed ganrif, ac a ranodd Cymru yn deyrnasoedd dan ei feibion lluosog. Yr oedd *Einion Frenin ab Owain Danwyn* yn un o'r saint Celtaidd o ddiwedd y bumed ganrif, a'i enw ef a goffeir yn *Llanengan* a *Brynengan*.

Einir *b*

O'r Lladin *honora* 'anrhydedd', 'prydferthwch'.

Einon *g*

Ffurf ar *Einion*.

Einudd gw. **Eunydd: Einudd**

Eira *b*

Eirfron *b*
Ffurf ar *Eurfron*.

Eiri *b*
Ffurf fachigol ar *Eirianwen*. (gw. hefyd **Eiry**)

Eirian *b/g*
'hardd', 'teg', 'disglair'.

Eirianedd *b*
'disgleirdeb', 'harddwch'.

Eiriannell *b*
Ffurf ar *Ariannell*.

Eirianwen *b*
'eirian' a 'gwen'

Eirig: Eirug *g*
'disglair', 'ysblennydd'.

Eiriol *b*
'gwyn fel yr eira'.

Eirion *g*
'addurn' (gair a fathwyd gan William Owen-Pugh).

Eiriona *b*
Enw merch yn seiliedig ar *Eirion*.

Eirionedd *b*
Enw merch yn seiliedig ar *Eirion*.

Eirios *g*
Ffurf ar *Euros*.

Eirlys *b*
'lili wen fach'.

Eirug *g*
Ffurf ar *Eirig*.

Eirwen *b*
'gwyn fel eira'.

Eirwyn *g*
'gwyn fel eira'.

Eiry *b*
'eira'.

Eiryl *b/g*
Ffurf ar *Eryl*.

Eirys *b*
'teg', 'golygus'.

Eithir *g*
Llywodraethwr a roes dir i *Padarn* Sant, cedwir ei enw yn *Llaneithir* ar lannau afon Mynach ger Pontarfynach.

Elaeth *g*
Sant o'r chweched ganrif, y mae *Llaneleth Frenin* yn enw arall ar Amlwch, Ynys Môn.

Elai
Ar ôl *afon Elái* ger Caerdydd.

Elain *b*
'ewig ifanc'. ***Fawn***

Elan *b*
Enw afon yn seiliedig ar 'el –' fel yn '*elwyf*' o 'mynd'. Afon â rhediad cryf a chyflym. Am *Elan* fel enw personol, cedwir hanes *Elan bi Dôn* yn un o dair chwaer a ddihangodd o olifiad *Caer Arianrhod* yn Arfon, a dyma a gedwir efallai yn enw'r mynydd *Yr Elan*. *Maelan* a *Gwennan* oedd ei dwy chwaer.

Elanna *b*
Ffurf ar *Elan*.

Eldryd: Eldrydd *g/b*
Ffurf Gymraeg ar hen enw Sacsonaidd ***Aldred***

Elen *b*

Elen Luyddog (y lluoedd), merch *Eudaf* tywysog Arfon. Brythones a ddaeth yn wraig i *Macsen Wledig* y milwr Rhufeinig a adawodd Prydain i ymgiprys am Ymerodraeth Rhufain. Yn ôl y chwedlau, hi a fu'n gyfrifol am adeiladu ffyrdd i gysylltu ei chadarnleoedd yn *Caer Llion*, *Caerfyrddin* a'i *Chaer yn Arfon*. '*Sarn Elen*' yw'r enw ar ffyrdd y Rhufeiniaid yng Nghymru hyd y dydd heddiw.Tra bo'r ddau yn Tours yn Ffrainc, y tebyg yw i Elen ddod dan ddylanwad *Martin* Sant, sylfeinydd mynachiaeth yng Ngâl. Yn dilyn marwolaeth Macsen yn 388, dychwelodd Elen i Arfon, ac efallai trwyddi hi y cyrhaeddodd neges Martin o Tours Brydain am y tro cyntaf, ac am hynny y gwnaed Elen yn santes.

Elena *b*

Ffurf ar *Elen*.

Elenid *b*

Dyma'r enw, yn ôl Gerallt Gymro, ar yr ucheldir lle y mae afonydd *Elan*, *Hafren*, *Gwy*, *Tywi*, *Teifi* ac *Ystwyth* yn codi.

Elenydd *b*

Ffurf ar *Elenid*.

Elerch *b*

Enw lle yng Ngheredigion a sail y ffurf *Telerch* (h.y. y rhagddodiad parch neu anwes '*ty-*' + Elerch) a gedwir yn *Tredelerch*. Eleirch oedd ffurf arall ar yr enw a sonnir am Elerch ferch *Iaen* mewn testunau cynnar, a rhoddir rhestr o'i brodyr a oedd yn bresennol yn llys *Arthur* yn y chwedl 'Culhwch ac Olwen'.

Eleri *b*

Enw afon ger *Tal-y-bont* Ceredigion, enw sy'n sail i'r ffurfiau *Meleri* a *Teleri*.

Eleri *g*

Eleri ap Dingad oedd nawddsant Gwytherin yng Ngwynedd. Mae'r enw gwrywaidd yn deillio o'r Lladin 'Hilarius' (gw. hefyd **Ilar**)

Elerydd *g*
Enw bachgen yn seiliedig ar *Eleri*.

Elfair *eb*
Ffurf ar '*Mair*'.

Elfan *g*
Elfan Powys ap Cyndrwyn yn frawd *Cynddylan* yn y cylch o gerddi o'r enw 'Ystafell Cynddylan'.

Elfed *g*
Roedd *Elmet* neu 'Elfed' yn ardal yng ngorllewin yr hen Swydd Efrog a fu'n frenhiniaeth yng nghyfnod y Brythoniaid. Mae'n enw cwmwd yn sir Gaerfyrddin, a gair gwneud gan y geiriadurwr William Owen-Pughe am 'hydref'.

Elfodd *g*
Esgob yng Ngwynedd a fu farw yn y flwyddyn 809.

Elfryd *g*

Elfryn *g*
Enw yn seiliedig ar 'bryn'.

Elfyn *g*
Ffurf efallai ar *Elffin*?

Elfyw *g*
Yr enw a geir yng nghwmwd '*Mabelfyw*' yn Ystrad Tywi, ffurf (efallai) ar *Eilfyw*.

Elffin *g*
Elffin ap Gwyddno Garanhir oedd y gŵr ifanc a achubodd *Gwion Bach* yn dilyn ei helyntion gyda *Ceridwen*, ac a roes arno'r enw '*Taliesin*'. Gŵr ifanc byrbwyll a thlawd oedd Elffin cyn cyfarfod â Thaliesin ond dan ddylanwad y bardd daeth yn ŵr cyfoethog. Derbyniodd wahoddiad i lys y brenin *Maelgwn Gwynedd*, yno honnodd fod ganddo wraig cystal â gwraig y brenin, bardd yn well na beirdd y brenin a cheffyl oedd yn gyflymach na cheffylau'r brenin. Ffromodd Maelgwn, taflwyd Elffin i'r

carchar a cheir yr hanes sut yr achubodd Taliesin ei feistr yn ail ran 'Chwedl Taliesin'. (gw. **Taliesin**). Elffin oedd enw un o feibion *Urien ap Cynfarch* o'r chweched ganrif. ***Alpin*** (enw o'r Alban)

Elgan *g*

Yr oedd *Elgan Gawr* yn un o bedwar brawd, a fu fyw, yn ôl y chwedl yn Llansawel Ystrad Tywi, lle y mae sôn am *Caer Elgan*. Ceir *Trallwng Elgan* (*Traethnelgan*) ym mhlwyf Talyllychau eto yn Ystrad Tywi. *Elgan* hefyd oedd enw un o arwyr Dyfed sy'n ymddangos mewn hen gerdd 'Ymddiddan Myrddin a Thaliesin'.

Elgar *g*

Ceir enw lle coll yn Sir Benfro *Trefelgar*, ac enw sydd wedi goroesi *Trefelgarn* sef yr un enw ond gydag 'n' ymwthiol ar ei ddiwedd, efallai mai 'Câr' (fel yn Ceri, Ceiriog etc.) yw'r bôn.

Elian gw. **Eilian: Elian**

Elias *g*
Enw Beiblaidd. ***Elijah***

Elidan *b*
Y santes a goffeir yn *Llanelidan* Dyffryn Clwyd, ffurf efallai ar *Ilid*.

Elidir: Elidyr *g*

Ceir nifer o gymeriadau cynnar yn dwyn yr enw, gan gynnwys un sant chwedlonol. Efallai'r enwocaf oedd *Elidir Mwynfawr* (gyfoethog) *ap Gwrwst*. Yr oedd yn briod ag *Eurgain* ferch *Maelgwn Gwynedd*, ac o gyfeiriadau yn y 'Trioedd' y tebyg yw iddo gael ei ladd mewn brwydr â *Rhun ap Maelgwn Gwynedd*.

Eliddon *g*
Sant *Llwyneliddon* (*St Lythan*) Morgannwg.

Elin *b*
Ffurf ar *Elen*.

Elis *g*
Ffurf ar *Elias* enw o'r Beibl.

Elisabeth *b*
Enw Beiblaidd. *Elizabeth*

Elise: Elisedd: Eliseg *g*
Brenin Powys yn yr wythfed ganrif y codwyd cofgolofn iddo yn cofnodi'i gampau yn adennill Powys o ddwylo'r Saeson yn Nyffryn Llangollen.

Eliseus *g*
Enw Beiblaidd. *Elisha*

Elonwy *b*
Ffurf ar *Aelonwy*.

Eluned: Luned *b*
Ceir ei hanes yn y Rhamant Gymraeg 'Owain a Luned, Iarlles y Ffynnon' lle y mae ganddi fodrwy sy'n gwneud y sawl a'i gwisgai yn anweledig. *Lynnette*

Elwedd gw. **Eiliwedd: Elwedd**

Elwydd *g*
Ei ffurf fachigol yw *Elwyddan*, a dyma'r enw a geir yn *Bodelwyddan*.

Elwyn *g*
Enw sant y ceir eglwysi yn ei enw yng Nghernyw, hefyd enw nant yn Sir Gaerfyrddin.

Elwyna *b*
Enw merch yn seiliedig ar *Elwyn*.

Elystan *g*
Ceir *Trelystan* ar y ffin yn Nhrefaldwyn. *Elystan Glodrydd* oedd brenin *Rhwng Gwy a Hafren* (yn fwy diweddar Sir Faesyfed) yn yr unfed ganrif ar ddeg. Ef oedd pennaeth llinach tywysogion *Elfael* a *Maelienydd* a'r traddodiad yw iddo gael ei gladdu yng nghapel *Trelystan*. *Athelstan, Edelstan*

Elysteg *b/g*
Ffurf ar *Eliseg*.

Elyw *b/g*
Sant/santes a goffeir yn *Llanelyw* (Brycheiniog).

Elldeyrn *g*
Sant *Llanelldeyrn* neu *Llanilltern* ger Sain Ffagan.

Elli *g/b*
Sant *Llanelli*, yn ôl yr hanes, cafodd Elli ei eni i Frenhines ddi-blant yn ganlyniad i weddïau gan *Cadog* Sant. Fe'i cymerwyd gan Cadog yn ôl i *Llancarfan* pan oedd yn dair oed. Elli a olynodd Cadog yn abad ar Lancarfan.

Elliw *b*
Un o wragedd hardd llys y *Brenin Arthur*.

Emlyn *g*
Fel yn *Castellnewydd Emlyn* (disgrifiad daearyddol 'am lyn' sef 'ochr arall glyn Cuch').

Emrys *g*
Emrys Wledig yw'r enw Cymraeg ar *Ambrosius Aurelianus* arweinydd o dras Rufeinig a ystyrid yn un o uchel frenhinoedd Prydain a ymladdodd yn ddewr yn erbyn y Saeson. Emrys arall oedd hwnnw a gysylltir â'r chwedl am y brenin *Gwrtheyrn*. Yr oedd Gwrtheyrn wedi symud i Wynedd ac yn ceisio codi caer yno, ond yr oedd y meini yn diflannu dros nos. Dywedwyd wrtho y byddai'n rhaid taenellu gwaed plentyn heb dad er mwyn symud y swyn oedd ar y lle. Daethpwyd o hyd i fachgen bach felly, a phan ddeallodd y byddai'n cael ei ladd, fe wnaeth ddarogan achos y drwg, sef bod dwy ddraig, un wen ac un goch yn ymladd dan seiliau'r gaer arfaethedig. Y ddraig goch oedd pobl Gwrtheyrn – Y Cymry, a'r ddraig wen oedd Y Saeson. Diwedd y frwydr, yn ôl darogan y bachgen, oedd y byddai'r ddraig wen yn cael ei gyrru o'r lle gan y ddraig goch. Newidiodd Sieffre o Fynwy yr enwau gan roi enw'r dewin *Myrddin* i'r mab. **Ambrose**

Emwnt

Fel ym *Moel Emwnt*, bryn ger Conwy.

Emyr *g*

Gair Cymraeg am 'brenin' neu 'arglwydd' a'r enwocaf o'r rhain oedd *Emyr Llydaw*, pennaeth o'r bumed ganrif. (Ond y tebyg yw, nad Llydaw yn Ffrainc mo hwn ond ardal yn ne Cymru).

Ena *b*

Ffurf fachigol *Enid*.

Endaf *g*

Enddwyn *b*

Santes *Llanenddwyn* yn Ardudwy, lle y ceir *Ffynnon Enddwyn* ger llaw.

Enfys *b*

'bwa'r arch'.

Enid *b*

Gwraig *Geraint ab Erbin* yn y Rhamant Gymraeg *Geraint ac Enid*, a fu'n safon o brydferthwch i'r beirdd.

Enlli *g*

Fel yn *Ynys Enlli*.

Ennis *b*

Enoc *g*

Enw Beiblaidd. ***Enoch***

Eos *g/b*

Enw a ddefnyddiwyd fel llysenw gan gantorion o fri.

Erddyn *g*

Erfyl *b*

Enw'r santes a goffeir yn *Llanerfyl*. Amrywiadau eraill ar yr enw yw '*Eurfyl*' ac '*Urfyl*'.

Erfyn *g*

Enw person a ddefnyddir yn enw nant ac a geir yng *Cwm Erfin* (Ceredigion).

Erin *b*

Hen enw am Iwerddon.

Erwain: Erwan *b*

Un o'r blodau y gwnaethpwyd *Blodeuwedd* ohonynt '*meadow-sweet*'.

Erwyd *g*

Fel yn *Ponterwyd* (Ceredigion).

Eryl *g/b*

Elfen mewn enwau lleoedd yn deillio o'i ystyr wreiddiol 'helfa'.

Esmor *g*

Enw a geir yn *Rhosesmor* ger Wrecsam.

Esyllt *b*

Esyllt Fynwen (mwnwgl/gwddf wen), cariad *Trystan* a gwraig y brenin *March* yn hanes 'Trystan ac Esyllt'. Cafodd Trystan ei fabwysiadu gan ei ewythr y brenin March. Aeth i Iwerddon er mwyn ennill Esyllt yn wraig i March. Ar y ffordd yn ôl yfodd Trystan ac Esyllt y ddiod serch a baratowyd ar gyfer Esyllt a March. Y mae un fersiwn o'r chwedl yn gorffen gyda'r Trystan clwyfedig yn disgwyl yn ofer am ei gariad a fyddai'n cyrraedd mewn llong â hwyliau gwynion. **Iseult, Isolde**

Ethni *b*

Ethni Wyddeles oedd mam Santes *Melangell*.

Eudaf *g*

Tad *Elen Luyddog*, gwraig *Macsen Wledig*. Yn ôl y chwedlau, gwrthryfelodd Eudaf yn erbyn y Rhufeiniaid a oedd yn gyfrifol am lywodraethu Prydain yn dilyn ymadawiad *Cystennin*. Llwyddodd i ladd *Trahaearn* a anfonwyd yn ei erbyn gan Cystennin. Yn ei hen ddyddiau gwahoddodd Eudaf, y Rhufeinwr *Macsen Wledig* i Brydain. Priododd Macsen ac *Elen*.

Euddog: Euddogwy *g*

Sant *Llaneuddog* a *Chapel Euddog* yn Llaneilian Ynys Môn. *Oudoceus* (Lladin)

Eugrad *g*

Yr oedd *Eugrad fab Caw* (o ddechrau'r bumed ganrif) yn frawd i *Gildas*, ac yn ôl yr hanes, gyda'i frawd *Gallgo* a'i chwaer *Peithien*, ymwrthododd â'i hawliau brenhinol gan symud i Ynys Môn a sefydlu tair llan yn ymyl ei gilydd. Ef yw sant *Llaneugrad*. Eugrad a *Dyfnwy* yw'r ddau sant a goffeir yn *Llanddeusant* (Môn).

Eunydd: Einudd *g*

Un o blant y dduwies *Dôn*. Eunydd oedd pennaeth y pedwerydd llwyth ar ddeg o bymtheg llwyth brenhinol Gwynedd.

Eurddyl *b*

Ffurf ar *Efrddyl* chwaer *Urien Rheged*.

Eurfil: Eurfyl *g*

Ffurf ar *Erfyl*.

Eurfron *b*

'aur' a 'bron'

Eurfryn *g*

'aur' a 'bryn'

Eurgain *b*

Santes o deulu brenhinol Gwynedd, merch i *Maelgwn Gwynedd*. Ei mam oedd merch *Sawyl Benisel*, ail wraig Maelgwn a chwaer *Asaff Sant*. *Eurgain* yw'r enw a roddir i chwaer *Joseff o Arimathea* yn y chwedlau am y Greal. Ceir *Cefn Eurgain* yn enw ger *Wrecsam*.

Eurig *g*

Ffurf ar *Eirig*.

Eurion *g*

'lliw aur'.

Euriona *b*
Enw merch yn seiliedig ar *Eurion*.

Eurliw *b*
'o liw aur'.

Eurof *g*
'gof aur'.

Euron *b*/*g*
'tresi aur'.

Euronwen *b*
'Euron' a 'gwen'.

Euronwy *b*
Mam *Gwrwst* Sant ac un o dair hudoles Ynys Prydain.

Euros *g*
'blodau'r haul' neu ffurf fachigol ar *Euroswydd*.

Euroswy *b*
Ffurf fenywaidd ar *Euros*.

Euroswydd *g*
Tad *Nisien* ac *Efnisien* yn hanes 'Branwen ferch Llŷr' yn 'Pedair Cainc y Mabinogi'.

Eurwen *b*
Ffurf ar *Eirwen*.

Eurwyn *g*
Ffurf ar *Eirwyn*.

Euryd: Eurydd *g*
o 'aur'.

Euryl *b*
Ffurf ar *Eryl*.

Euryn: Eurin *g*
Enw personol o 'aur'. *Gwri Gwallt Euryn* oedd yr enw cyntaf a

roddwyd ar *Pryderi* cyn iddo gael ei ddychwelyd at *Pwyll* yng Nghainc gyntaf 'Pedair Cainc y Mabinogi'. Cedwir yr enw yn B*ryn Euryn*.

Ewryd *g*
Un o saint Celtaidd y bumed ganrif, brawd *Non* mam *Dewi Sant*.

F

Faleiry: Falyri *b*
Ffurf ar *Falyri*. **Valerie**

Falmai *b*
Enw yn seiliedig ar 'Mai' 'afal' 'Mai'

Falyri *b*
Ffurf Gymraeg ar **Valerie**.

Fanw *b*
Ffurf anwes ar *Myfanwy*.

Fioled *b*
Ffurf Gymraeg ar **Violet**.

Froneira *b*
'bron' 'eira'

Fryn *b*
Ffurf fachigol o **Avarinah**

Fychan
'bychan' wedi'i dreiglo (sy'n digwydd pan fydd ansoddair yn cael ei ddefnyddio ar ôl enw personol fel math o gyfenw e.e. Gwilym Fychan yn cyfateb i 'junior'yn Saesneg).

FF

Ffagan *g*

Enw sant honedig, sef ffurf Gymraeg ar *Faganus* un o'r cenhadon a anfonwyd i Brydain gan y Pab yn hanes ffug Sieffre o Fynwy 'Historia Regum Britanniae'.

Ffernfael *g*

Enw ar un o frenhinoedd Gwent yn yr wythfed ganrif.

Ffion *b*

'blodyn bysedd y cŵn'.

Ffiona *b*

Ffurf yn seiliedig ar *Ffion*.

Fflamddwyn *g*

'cynheilydd y fflam', enw a roed ar un o'r milwyr a geir yng nghanu cynnar Taliesin.

Fflur *b*

'blodau', yr enw a geir yn *Ystrad Fflur* ger Tregaron. Yn cyfateb efallai i *Flora* duwies blodau a'r gwanwyn y Rhufeiniaid.

Ffraid *b*

Un o dri nawddsant Iwerddon. Cysegrwyd yr eglwysi cynharaf iddi hi yng Nghymru yn yr ardaloedd hynny a wladychwyd gan y Gwyddyl, ond ceir eglwysi iddi ar draws yr holl wledydd Celtaidd. Yn ôl yr hanes un o wyrthiau Ffraid yng Ngwynedd oedd troi brwyn yn bysgod bach, 'brwyniaid'. Cedwir ei henw yn *Llansanffraid* Ceredigion. ***Brigid***

Ffrancon *g*

Enw nant yn seiliedig ar 'ffranc', hen air am waywffon.

Ffreuer *b*

Enw ar ferch yn y cylch o gerddi yn adrodd hanes trychineb *Cynddylan*.

G

Gaenor *b*
Ffurf fachigol ar *Gwenhwyfar*.

Gafin: Gafyn *g*
Ffurfiau Cymraeg ar yr enw Albanaidd **Gavin**.

Gafran *g*
Fel enw nant, fe all ddeilio o 'gafr' am nant sy'n llamu a thasgu. Yr oedd *Gafran* yn fab i *Aeddan* ac yn arweinydd enwog ar lu o filwyr sydd efallai yn un ag *Aidan mac Gabrain* brenin gwŷr yr Alban. Enwir *Lluan* yn wraig iddo.

Galâth *g*
Galâth ap Lawnslot oedd y gorau a'r puraf o farchogion y *Brenin Arthur* a'r unig un ohonynt i ddod o hyd i'r Greal Sanctaidd. Adroddir ei hanes yn y chwedl 'Y Seint Greal'. **Galahad**

Gallgo *g*
Gallgo ap Caw sant Celtaidd o'r bumed ganrif, cedwir ei enw yn *Llanallgo* a *Ffynnon Allgo* ar Ynys Môn. (gw. hefyd **Eugrad**)

Garan *g*
Fel enw afon, yr un yw ag enw'r aderyn y 'crychydd'. Mae enw plwyf *Llangarren* yn Henffordd yn deillio o'r enw, ac efallai'r un elfen a geir yn *Cilgeran*. Gan mai enwau personol sy'n arfer dilyn 'Llan', hawdd cymryd mai enw sant oedd yma. Gan mai enw benywaidd ei genedl oedd hwn, mae'n arwain at ffurfiau fel *Yr Aran*.

Garel *g*

Garem *g*

Gareth *g*
Brawd *Gwalchmai* ac un o farchogion *y Ford Gron* yn ôl un o'r testunau Arthuraidd Cymraeg.

Garin *g*
Ffurf ar *Garan*.

Garmon *g*
Y sant a goffeir yn *Llanarmon* y ceir nifer ohonynt ym Mhowys a Gwynedd. Y tebyg yw bod cymysgu wedi digwydd rhwng enw sant brodorol yn gysylltiedig â Phowys (Garmon enw Cymraeg gwreiddiol yn seiliedig ar 'garm' hen air am 'bloedd') a Sant *Germanus* o Auxerre yn Ffrainc. Mae'r traddodiadau yn sôn am eglwysi Prydain yn danfon i Gâl am gymorth i ddiddymu heresi Pelagiws, ac i Garmon gael ei anfon i genhadu drwy Brydain yn 429. Yn ystod ei gyfnod yma bu ymosodiadau gan y Pictiaid a'r Sacsoniaid. Dewisodd Garmon nifer o filwyr ymhlith y Brythoniaid yr oedd wedi'u troi at Gristnogaeth ac ymguddio i ymosod ar y gelyn. Ymosodant ar y gelyn gan floeddio'n uchel 'Haleliwia!' gan mai adeg y Pasg oedd. Trechwyd y gelyn a daeth y fuddugoliaeth 'Haleliwia' yn un enwog.

Garnant *g*
'garw' 'nant' enw pentref yn Sir Gaerfyrddin

Garnon *b/g*
Enw o Sir Benfro yn seiliedig, mae'n debyg, ar hen air Ffrangeg am 'moustache'.

Garth *g*
'llechwedd coediog'.

Garwen *b*
'gar' (coes) + 'wen'; gwraig brydferth ac un o gariadon y *Brenin Arthur* yn ôl y 'Trioedd'.

Garwy *g*
Yr oedd *Garwy Hir* yn enwog fel carwr, ei gariad oedd *Creirwy*.

Garwyn *g*
Enw bachgen yn seiliedig ar *Garwen*.

Geinor *b*
Ffurf ar *Gaenor* o *Gwenhwyfar*.

Generys *b*
Un o gariadon y tywysog *Hywel ab Owain Gwynedd* yn y ddeuddegfed ganrif.

Geraint *g*
Yr oedd *Geraint fab Erbin*, arwr y Rhamant Gymraeg 'Geraint ac Enid' yn enw yn perthyn i'r bumed ganrif. Geraint oedd enw ar Frenin Cernyw yn y chweched ganrif ac ar frenin olaf Cernyw a Dyfnaint yn yr wythfed ganrif. *Gerontius*

Gerallt *g*
Gadawodd *Gerallt Gymro* gofnod o'i daith drwy Gymru yn y ddeuddegfed ganrif. *Gerald*

Gerwin: Gerwyn
o 'garw', mae'n enw ar nentydd ac afonydd gwyllt eu rhediad.

Gethin: Gethyn *g*
Y mae 'cethin' yn hen ansoddair yn golygu 'gwyllt, ffyrnig, rhuddgoch' (nid 'tywyll' fel sydd mewn rhai hen eiriaduron). Rhys Gethin oedd un o arweinwyr byddin *Owain Glyndŵr*, ac fe all y 'sgethin' a geir mewn ambell enw lle fod yn gywasgiad o 'Rhys Gethin'.

Gildas *g*
Mynach a aned yn y flwyddyn 500. Ef yw awdur llyfr cynnar o hanes 'De Excidio Britanniae', a'r darlun a geir ohono yw un o bregethwr blin, yn lladd ar ddiffygion ei gyfoeswyr, a hynny efallai o ddiogelwch ei gell yn Llydaw.

Gilfaethwy *g*
Yr oedd *Gilfaethwy ap Dôn* yn frawd i'r dewin *Gwydion*. Bu Gilfaethwy'n glaf o gariad at *Goewin*, morwyn i'r brenin *Math fab Mathonwy*. Mae'r ffordd y cynllwyniodd Gwydion a Gilfaethwy gyfle i Gilfaethwy gysgu gyda Goewin a'r gosb a

osodwyd ar y ddau frawd gan y brenin yn destun y bedwaredd o 'Pedair Cainc y Mabinogi', sef 'Math fab Mathonwy'.

Gladwen *b*
Ffurf ar *Gwladwen.*

Gladys *b*
Ffurf ar *Gwladys.*

Glain *b*
'gem', 'perl'.

Glandeg *b/g*
'glân' a 'teg'.

Glanffrwd *g*
'glan' a 'ffrwd', enw barddol William Thomas awdur *Hanes Plwyf Llanwynno.*

Glanmor *g*
'glan' a 'mawr'.

Glannant *g*
'glan' a 'nant'.

Glannog *g*
Tad *Helig Foel* (ap Glannog) sy'n gysylltiedig â hanes yn debyg i hanes boddi *Cantre'r Gwaelod*, ond bod teyrnas Helig rhwng Ynys Môn a Chonwy. Bu *Ynys Lannog* yn enw ar *Ynys Enlli* a cheir *Rhoslannog* yn sir Benfro.

Glanydd *g*
Ffurf ar *Glenydd.*

Glasfryn *g*
'glas' (gwyrdd) a 'bryn'.

Glasnant *g*
'glas' (lliw'r awyr) a 'nant'.

Glasynys *g*
'glas' (gwyrdd) ac 'ynys', enw barddol Owen Wynne Jones awdur *Straeon Glasynys*.

Glenwen *b*

Glenydd *g*
'glannau'.

Glenys *b*
Ffurf ar *Glynis*.

Glesni *b*
'y lliw glas'.

Gloyw *g*
Gloyw Wallt Hir yw'r gŵr y cedwir ei enw yn *Caerloyw* (Gloucester), enw sy'n mynd yn ôl i'r drydedd ganrif.

Glwyddyn *g*
Glwyddyn Saer yw'r gŵr a adeiladodd neuadd y *Brenin Arthur* yn 'Culhwch ac Olwen'.

Glwys *b*
'glandeg'.

Glyn *g*
'cwm'.

Glyndŵr *g*
Owain Glyndŵr, Tywysog Cymru. **Glendower**

Glyndwr *g*
Yr enw cyffredin yn deillio o enw'r tywysog.

Glynis *b*
Enw merch yn seiliedig ar *Glyn*.

Glynog *g*
Enw bachgen yn seiliedig ar *Glyn*.

Glynwen *b*

'glyn' a 'gwen'.

Glywys *g*

Tad *Gwynllyw* a'r gŵr a roes ei enw i *Glywysing* (tir Glywys) a'r sant y cedwir ei enw ym *Merthyr Glywys* enw sydd wedi diflannu erbyn hyn, ger *Merthyr Mawr* (Morgannwg).

Goewin *b*

Y forwyn i'r brenin *Math* a dreisiwyd gan *Gilfaethwy ap Dôn*. Mae'r ffordd y cynllwyniodd y dewin *Gwydion* â Gilfaethwy i greu cyfle i Gilfaethwy gysgu gyda Goewin a'r gosb a osodwyd ar y ddau frawd gan y brenin yn destun y bedwaredd o 'Pedair Cainc y Mabinogi', sef 'Math fab Mathonwy'.

Gofannon: Gofan

Gofannon ap Dôn oedd y gof-dduw ymhlith duwiau'r Brythoniaid.

Goleu *b*

'golau'.

Goleuddydd *b*

Goleuddydd ferch Amlawdd Wledig oedd mam *Culhwch* yn y chwedl 'Culhwch ac Olwen'. (gw. dan **Cilydd**)

Golwg Hafddydd *b*

Llawforwyn Esyllt yn y chwedl *Trystan ac Esyllt*.

Gomer *g*

Yn ôl y traddodiad Cymraeg, Gomer oedd mab hynaf *Japheth*, mab hynaf *Noa*. Gomer oedd arweinydd un o lwythau coll yr Iddewon a arweiniodd ei bobl o Gaer Droea i Brydain lle'r oeddynt yn siarad y 'Gomeraeg'. Enwau llwyth Gomer a siaradai'r Gomeraeg oedd y 'Cymry'.

Goronw *g*

Ffurf ar *Goronwy*.

Goronwy: Gronwy *g*

Gronwy Befr (hardd) oedd Arglwydd Penllyn a syrthiodd mewn cariad â *Blodeuwedd* ac a geisiodd ladd ei gŵr *Lleu Llaw Gyffes*. Ceir ei hanes yn y bedwaredd o 'Pedair Cainc y Mabinogi' sef 'Math fab Mathonwy'.

Gorwel *g*

Graig *g*
'craig'

Griff: Gruff *g*
Ffurf fachigol ar *Gruffudd*.

Griffri *g*
Tywysog yn llinach tywysogion Brycheiniog yn y nawfed ganrif

Grisial *b*
'maen enwog am ei loywder' ***Crystal***

Gronw: Ronw *g*
Ffurf ar *Goronwy*.

Gruff *g*
Ffurf anwes ar *Gruffydd*

Gruffudd: Gruffydd *g*
Fe all fod yr enw yn deillio o'r elfennau 'griff' sef yr aderyn chwedlonol (griffin) ac 'udd' – 'pennaeth', 'tywysog'. *Gruffudd ap Cynan* brenin Gwynedd a aned yn Iwerddon tua 1055 oedd un o frenhinoedd mawr Cymru. Adenillodd y tiroedd a gollwyd gan ei dad a chafodd deyrnasiad hir a thawel yn dilyn y brwydro cynnar.

Grug *b*
Heather

Gurwen *b*
Enw merch o enw'r pentref *Gwaencaegurwen*.

Gurwyn *g*

Enw bachgen yn seiliedig ar *Curwen.*

Guto: Gutun: Gutyn *g*

Ffurfiau anwes ar *Gruffydd.*

Gwair *g/b*

Digwydd yr enw nifer o weithiau yn y chwedlau am y *Brenin Arthur.* Dewrder a golwg bruddglwyfus yw'r nodweddion a gysylltir gyda'r gwahanol gymeriadau yn dwyn yr enw Gwair, gyda *Gwair ap Gwystl* efallai yr enwocaf ohonynt.

Gwaithfoed *g*

Enw sy'n ymddangos yn llinach achau nifer o lwythau yn y ddegfed ganrif

Gwalchmai *g*

Gwalchnmai ap Gwyar oedd cefnder y *Brenin Arthur* ac un o farchogion disgleiriaf y Ford Gron. Bardd o'r enw *Gwalchmai ap Meilyr Brydydd* a ganai i Owain Gwynedd a Madog Ap Meredudd o Bowys, a goffeir yn *Gwalchmai* Ynys Môn. Coffeir ei fab yntau, *Meilyr* yn *Nhre-Feilyr* ar Ynys Môn. **Gawain; Walwyn**

Gwalia *b*

Hen enw ar Gymru.

Gwallog *g*

Arwr o ddechrau'r chweched ganrif, ef oedd brenin Elfed (yng Ngogledd Lloegr heddiw) ac yr oedd ganddo fab *Ceredig.* Cysylltir enw Gwallog â *Sarn Gynfelyn* (ger y Borth).

Gwallter *g*

Ffurf Gymraeg ar **Walter**.

Gwanwyn *b*

Tymor cyntaf y flwyddyn.

Gwarllwyn *g*

'garw' a 'llwyn'.

Gwarnant *g*
'garw' a 'nant'.

Gwawl *b*
'goleuni', 'disgleirdeb', enw yn mynd yn ôl at wraig *Cunedda Wledig* yn y bedwaredd ganrif.

Gwawn *b*
Deunydd gwe pry cop

Gwawr *b*
'toriad dydd', un o ferched *Brychan Brycheiniog* a mam *Llywarch Hen*. Dyma hefyd yr enw ar ferch *Ceredig*, mam *Gwynllyw* a mam-gu *Cadog*. **Dawn**

Gwddyn *g*
Enw a geir yn *Llanwddyn*, *Sarn Wddyn* ac yn *Gwely Wddyn*.

Gweirfyl: Gweiryl *b*
Ffurf ar *Gwerfyl*.

Gweirydd *g*
Enw arwr o chwedlau coll. *Gweirydd ap Rhys* o Ynys Môn a fu fyw yn y ddeuddegfed ganrif oedd pennaeth y trydydd o bymtheg llwyth brenhinol Gwynedd.

Gwen *b*
Ffurf fachigol ar *Gwenhwyfar* a *Gwenllïan* ac un o ferched *Brychan* y cysegrir eglwysi yn ei henw yng Nghernyw. Mae'n enw ar nifer o ferched yn gysylltiedig â saint Celtaidd y bumed ganrif.

Gwên *g*
Un o feibion arwrol *Llywarch* a laddwyd yn amddiffyn tir ei dad rhag y Saeson. Cedwir yr enw yn y plasty *Prys* (prysg) *Gwên* ger Y Waun (Chirk) a ysgrifennir erbyn heddiw yn *Preesgweene*.

Gwenallt *g*
Enw barddol yn seiliedig ar *Yr Allt-wen*.

Gwenan *b*
Ffurf ar *Gwennan*.

Gwenant *b*
Ffurf ar *Gwennan*.

Gwenarth *g*
Y sant a goffeir yn *Llanwenarth* (*St Weonards* neu *Llanwaynard*) yn Erging a Gwent.

Gwenda *b*
Ffurf fachigol ar *Gwendolau*.

Gwendoleu *b*
Mae'n debyg fod Sieffre o Fynwy, wrth lunio ei 'Historia Regum Britanniae', wedi meddwl mai enw merch oedd 'Gwendoleu'. Yn ôl hanes Sieffre yr oedd hi'n wraig i 'Locrinus' yr enwyd 'Lloegr' ar ei ôl. Ysgarodd Locrinus Gwendolau, ond fe lwyddodd hi i'w orchfygu a bu hi'n teyrnasu ar Loegr am bymtheng mlynedd wedi hynny.

Gwendolyn *b*
Ffurf anwes ar *Gwendoleu*.

Gwendraeth *b*
Enw ar ddwy afon yn Sir Gaerfyrddin.

Gwenddoleu *g*
Brenin pwysig o'r Hen Ogledd, yn perthyn i'r chweched ganrif.

Gwenddydd *b*
Y santes a goffeir yn *Capel Gwenddydd* yn Nanhyfer, Sir Benfro, hefyd chwaer *Myrddin* yn ôl yr hen chwedlau.

Gweneiria *b*
'eira' a 'gwen'.

Gwenerys *b*
Ffurf ar *Generys*.

Gweneth *b*
Ffurf ar *Gwyneth*.

Gwenfair *b*
'gwen' (cysegredig), a *Mair*.

Gwenfil *b*
Ffurf ar *Gwenfyl*.

Gwenfor *b*
Enw merch yn seiliedig ar *Gwynfor*.

Gwenfrewi *b*
Yr oedd *Gwenfrewi* yn ferch i dywysog Tegeingl a *Gwenlo* chwaer *Beuno* sant. Merch ifanc brydferth ydoedd, a laddwyd gan y brenin *Caradog* drwy dorri ei phen pan wrthododd hi ei geisiadau i'w denu ato. Achosodd Beuno i'r ddaear agor a llyncu'r teyrn gwrthnysig ac adfer bywyd Gwenfrewi. Ffrydiodd ffynnon yn y man y cyflawnwyd y wyrth. Y bererindod i gysegrfan Gwenfrewi yn Nhreffynnon yw'r unig un yng Nghymru sy'n dal yn ei bri hyd y dydd heddiw. *Winifred*

Gwenfron *b*
'bron wen'

Gwenfryn *b*
'gwen' a 'bryn'

Gwenfyl *b*
Santes *Capel Gwenfyl*, merch *Brychan* a chwaer i *Callwen*. Yn yr un ffordd ag y cysylltwyd Callwen â 'Cellan', cysylltir Gwenfyl ag ardal 'Gwynfil' ger Llangeitho yng Ngheredigion.

Gwenffrwd *b*
Cefn Gwenffrwd yw enw lle ger Llanfair ym Muallt.

Gwenhwyfar *b*
Gwraig y *Brenin Arthur* yn ôl y chwedlau Cymraeg. Yn y chwedlau cyfandirol y mae'r cariad rhwng Gwenhwyfar a

Lawnslod yn arwain at ddinistr y *Ford Gron* a'i marchogion.
Guinevere, Jennifer

Gwenith: Gwenyth *b*
'yd', ond hefyd hen gymhariaeth 'y gorau o'i fath'.

Gwenlais *b*
'gwen' a 'glais' (nant), enw afon yn Sir Gaerfyrddin

Gwenlyn *g*

Gwenlli *b*
Enw lle yn Ngheredigion.

Gwenllïan *b*
Mae'n cynnwys 'lliant' hen air am 'môr neu lifeiriant o ddŵr'.
Yr oedd *Gwenllïan ferch Einion* o'r ddegfed ganrif, yn perthyn i
linach *Hywel Dda*. *Gwenllïan merch Gruffudd ap Cynan* a
arweiniodd gyrch yn erbyn y Normaniaid yn 1136. Enwir darn o
dir ger Castell Cydweli yn *Faes Gwenllïan* er cof amdani.

Gwenlliant *b*
Ffurf ar *Gwenllian*.

Gwenllwyfo *b*
Y sant a goffeir yn *Llanwenllwyfo* Ynys Môn.

Gwennan *b*
Ffurf anwes ar *Gwen*, cedwir hanes *Gwennan bi Dôn* yn un o dair
chwaer a ddihangodd o orlifiad Caer Arianrhod yn Arfon, *Elan*
a *Maelan* oedd ei dwy chwaer.

Gwennant *b*
Enw benywaidd yn cyfateb i *Gwynnant*, ceir *Ysgwennant* yn enw
lle ger Llangadwaladr.

Gwenno *b*
Ffurf anwes ar *Gwen*, hefyd enw ar seren yr hwyr

Gwenog *b*
Y santes y cedwir ei henw yn *Llanwenog*.

Gwenogfryn *g*
'bryn' a *Gwenog*

Gwenonwy *b*
'lili'r maes'

Gwent *g*
Yr enw Rhufeinig ar y rhan o'r wlad yr oedd llwyth y *Siluriaid* yn byw ynddi oedd *Venta Surum*. O *Venta*, 'canolfan llwyth neu farchnad' y daw Gwent.

Gwenydd *g*
'llawenydd', 'hyfrydwch'.

Gwenyth *b*
Ffurf ar *Gwenith*.

Gwerful: Gwerfyl *b*
Gwerful ferch Cynan ab Owain Gwynedd a fu fyw tua 1200 a goffeir yn *Betws Gwerful Goch*. Y tebyg yw iddi noddi godi'r eglwys fechan y 'Betws'.

Gwern *g*
Mab *Branwen* a *Matholwch* brenin Iwerddon y ceir eu hanes yn 'Branwen ferch Llŷr', yr ail o 'Pedair Cainc y Mabinogi'.

Gwernan: Gwernen *b*
Ffurf fenywaidd ar *Gwern*.

Gwernydd *g*
Ffurf ar *Gwern*.

Gwerthefyr *g*
Ffurf Gymraeg ar *Voteporix* un o'r arweinwyr Brythonig a benodwyd gan y Rhufeiniaid cyn iddynt ddychwelyd i Rufain.

Gwesyn *g*
Enw nant ym Mhowys.

Gweunydd *b/g*
'gwaun'

Gweurfyl: Gweuril *b*
Ffurf ar *Gwerfyl.*

Gwidol *g*
Ffurf Gymraeg ar yr enw Lladin *Vitalis* sy'n mynd yn ôl i'r bedwaredd ganrif.

Gwili *g*
Enw afon yn Sir Gaerfyrddin.

Gwilym *g*
Ffurf Gymraeg ar **William**.

Gwion *g*
Dyma enw'r gwas bach oedd i ofalu bod pair hud *Ceridwen* y wrach yn berwi am flwyddyn a diwrnod. Ef a lyncodd y dafnau hud oedd yn y pair, a dod yn berchen ar holl wybodaeth y byd a chael ei ail-eni fel y bardd *Taliesin*. (gw. **Taliesin**)

Gwladus: Gwladys *b*
Merch i *Brychan* a fu fyw tua chanol y bumed ganrif. Fe'i cipiwyd gan *Gwynllyw ap Glywys* yn erbyn ewyllys ei thad. Hi oedd mam *Cadog* Sant ac efallai *Eigion* hefyd. Cedwir ei henw yn *Capel Gwladus* ger Gelli-gaer.

Gwladwen *b*
'gwlad' a 'gwen'

Gwlithen: Gwlithyn *b*
'defnyn o wlith', nant ym Mhowys.

Gwnda *g*
Ffurf fachigol ar *Gwyndaf.*

Gwnnen *b*
Ffurf ar *Gwynnen.*

Gwnnws: Gwynws *g*
Mab i *Brychan* a brawd *Gwnnen*, ef yw nawddsant *Llanwnnws.*

Gwrangon *g*
Y brenin a goffeir yn *Caerwrangon* (Worcester).

Gwrfaeth *g*
Sant *Llanwrfaeth* sef Llandeilo'r-fân ym Mrycheiniog.

Gwrgan *g*
Ceir chwedlau cynnar iawn am nifer o gymeriadau o'r enw Gwrgan.

Gwrgenau

Gwri *g*
Gwri Gwallt Euryn (aur) oedd enw a roddwyd ar *Pryderi fab Pwyll* yn y gyntaf o 'Pedair Cainc y Mabinogi'.

Gwrin *g*
Sant *Llanwrin* ac enw ar y cantref *Gwrinydd* a gedwir yn *Llysgwrinydd* ('Llysworney'). Yr oedd *Gwrin Farfdrwch* (barf wedi'i dorri) yn fab i *Cadwaladr* ac yn dywysog Meirionnydd tua 500 OC.

Gwrog *g*
Enw sydd, o'i gyplysu gyda'r rhagddodiad anwes '*my-*', yn rhoi *Mwrog*, a chyda'r rhagddodiad parch '*ty-*' yn rhoi *Twrog* a geir mewn gwahanol enwau lleoedd megis *Llandwrog*, *Maentwrog*, *Llanfwrog* a *Bodwrog*.

Gwron *g*
'arwr', enw ar un o feibion *Cunedda* o'r bumed ganrif.

Gwrthefyr *g*
Un o frenhinoedd cynharaf Dyfed y mae ei enw yn ymddangos ar garreg ger Arberth yn Lladin ac Ogam. Gallai un o'i gyndeidiau fod yng ngwasanaeth *Macsen Wledig*. **Voteporix**

Gwrtheyrn *g*
Gwrtheyrn Gwrtheneu brenin y Brytaniaid o ddechrau'r bumed ganrif. Yn ôl yr hen draddodiad ef a roddodd dir i'r Saeson *Hengist* a *Horsa* yn dâl am ei gynorthwyo yn erbyn ei elynion.

Yn ôl un hanes, syrthiodd mewn cariad â merch brydferth Hengist *Alys Rhonwen*, a dyna reswm arall dros y rhodd. Ceir *Nant Gwrtheyrn* yn enw yn Llŷn. **Vortigern**

Gwrthwl *g*

Sant *Llanwrthwl* Brycheiniog.

Gwrwst *g*

Enw'r sant a gedwir yn *Llanrwst*. Ni wyddys ddim amdano ond y mae *Gwrwst* yn Gymraeg yn cyfateb i'r enw Gwyddeleg **Fergus**.

Gwyar *b*

Enw mam *Gwalchmai* a gwraig *Geraint fab Erbin*.

Gwydion *g*

Gwydion ap Dôn yw'r dewin cyfrwys yr adroddir ei hanes yn 'Math fab Mathonwy', pedwaredd gainc 'Pedair Cainc y Mabinogi', ef a luniodd *Blodeuwedd* allan o flodau yn wraig i *Lleu Llaw Gyffes*. *Caer Gwydion* yw un o'r enwau ar 'Y Llwybr Llaethog'.

Gwydol *g*

Mae *Gwydol* yn enw ar nifer o nentydd, ond fel enw, y tebyg yw ei fod yn amrywiaeth ar *Gwidol*.

Gwyddelan *g/b*

Ystyr Gwyddelan yw 'y Gwyddel bach'; ef yw sant *Llanwyddelan* a *Dolwyddelan*.

Gwydderig *g*

Enw personol sef 'Gwyddar' ac '-*ig*' (terfyniad bachigol) sy'n enw ar enw afon ym Mrycheiniog.

Gwyddfarch *g*

Gwyddfarch ab Alamarus oedd abad Meifod ym Mechain. Derbyniodd *Tysilio* yn fynach, a Tysilio a'i olynnodd yn abad. Bu unwaith *Eglwys Gwyddfarch*, ond erbyn hyn nid erys ond cof am ei wely caregog, *Gwely Gwyddfarch*.

Gwyddfid *b*
Enw blodyn. ***Honeysuckle***

Gwyddno *g*
Gwyddno Garanhir (coes-hir) oedd brenin Cantre'r Gwaelod, y
wlad ym mae Ceredigion ger y Borth a foddwyd am na
sicrhawyd y drysau rhag grym y môr ar noson dymhestlog.

> *Trwy ofer esgeulustod*
> *Y gwyliwr ar y tŵr*
> *Aeth clychau Cantre'r Gwaelod*
> *O'r golwg dan y dŵr.* (J.J. Williams).

Gwyddon *g*
'gwybodus'

Gŵyl *b*
'llednais', 'tirion'.

Gwylan *b*
'gŵyl' a glân', ond hefyd enw aderyn y môr.

Gwylfa *b/g*
Enw barddol *Richard Gwylfa Roberts*, gweinidog a bardd, yn
seiliedig ar 'gŵyl'.

Gwylon *g*
'gŵyl', yn gysylltiedig â dydd Gŵyl arbennig.

Gwyn *g*
Fel ansoddair mae 'gwyn' yn gallu golygu 'annwyl' a 'cysegredig'.
Y mae nifer o gymeriadau o'r enw yn ein chwedloniaeth ond yr
enwocaf oedd *Gwyn ap Nudd*, brenin yr arallfyd Celtaidd
Annwn. *Gwyn* hefyd, oedd enw ar un o bum sant *Llanpumsaint*.

Gwynallt *g*
Ffurf ar *Gwenallt*.

Gwynant *g*
Enw afon yng Ngwynedd.

Gwyndaf *g*

Dyma enw'r sant a goffeir yn *Llanwnda* yn Arfon ac yn *Felin Gwnda* yng Ngheredigion. Yr oedd yn ddisgybl i *Cybi Sant*, ond bu anghydfod ac anghytuno rhyngddynt. Mae yna awgrym mai gŵr byr ei gorff oedd Gwyndaf. *Gwnda* yw ffurf fachigol ar yr enw.

Gwynedd *g*

Enw un o hen deyrnasoedd Cymru a olygai 'gwlad y *Vennii*', llwyth o Wyddelod yn wreiddiol. Erbyn y chweched Ganrif yr oedd y Brythoniaid wedi adennill y tir ac yr oedd *Maelgwn Gwynedd* yn frenin arni. Atgyfodwyd Gwynedd yn enw sir yng ngogledd Cymru yn 1974.

Gwyneira *b*

'gwyn' ac 'eira' fel *Gweneira*

Gwyneth *b*

Ffurf ar *Gwynedd*

Gwynfe *g*

Enw ardal ger Llangadog Sir Gaerfyrddin a ddefnyddiwyd fel enw barddol gan Beriah Gwynfe Evans, newyddiadurwr a dramodydd.

Gwynfi *g*

Enw o *Nant Gwynfi* a ddaeth yn ei thro o'r enw personol *Gwynfyw*.

Gwynfil *g*

Plwyf yng Ngheredigion.

Gwynfor *g*

'gwyn' a 'mawr'.

Gwynfryn *g*

Bryn yn Llundain lle y claddwyd pen y *Bendigaid Frân* yn 'Branwen Ferch Llŷr' yr ail o 'Pedair Cainc y Mabinogi'. Ni fyddai Prydain yn dioddef o bla tra bo'r pen yn y Gwynfryn, yn draddodiadol safle Tŵr Llundain.

Gwynfyw *g*
Yr enw personol a gedwir yn wreiddiol yn *Nant Gwynfi*.

Gwynhoedl *g*
Y sant a goffeir yn *Llangwnnadl* yn Llŷn. Mae'n deillio o *Vendesetli* neu *Vennisetli* enw mewn arysgrif yn *Llan-saint* Ystrad Tywi.

Gwynio *g*
Sant *Llangwynio* Ystrad Tywi.

Gwynion *g*
Hen enw personol a gedwir yn yr enwau *afon Wnion*, *Garthwynion* a'r cwmwd *Gwynionnydd* (tir Gwynion) yng Ngheredigion.

Gwynionydd *g*
gw. **Gwynion**

Gwynlais *g*
Fel yn *Tongwynlais* ger Caerdydd

Gwynli *g*
Ffurf wrywaidd yn debyg i *Gwenlli*.

Gwynlleu *g*
Gwynlleu ap Cyngar ap Garthog, un o saint Celtaidd a fu fyw tua 500 ac a goffeir yn *Nancwnlle* Ceredigion.

Gwynllyw *g*
Mab y brenin *Glywys* a roddodd ei enw i'r ardal *Gwynllŵg* yng Ngwent. Ef oedd tad *Cadog Sant*, a chyn derbyn tröedigaeth drwy law ei fab bu'n dipyn o leidr a lladratwr. *Gwladus* un o ferched *Brychan* oedd ei wraig (a ddygwyd ganddo oddi wrth ei thad yn ôl un hanes). Yr oedd yn ei anterth yn y cyfnod y bu rhyfela rhwng y Brythoniaid a'r Saeson. Fe'i claddwyd yng Nghasnewydd lle y ceir eglwys yn dwyn ei enw.

Gwynn: Gwynne *g*
Ffurfiau ar *Gwyn*

Gwynnan *g*

Enw a gedwir yn *Llystynwynnan*, ac a geir yn llinach cynnar brenhinoedd Powys.

Gwynnell: Gwynell *g*

Y sant a goffeir yn *Llanwynell* yr enw Cymraeg ar '*Wolvesnewtown*' Gwent.

Gwynnen *b*

Er mai fel santes ac un o ferched *Brychan* y coffeir *Gwynnen* yn *Llanwnnen* Ceredigion, efallai mai sant oedd y *Gwnnen* gwreiddiol.

Gwynnin *g*

Gwynnin ap Helig y sant a goffeir yn *Llandywynnin* Llŷn.

Gwynno: Gwynio *g*

Ffurfiau anwes ar *Gwyn*, un o'r pum sant *Gwyn*, *Gwynno*, *Gwynoro*, *Ceitho* a *Celynin*, meibion *Cynyr Farfwyn*. Coffeir y pump yn *Llanpumsaint* a *Pumsaint*, a *Gwynno* yn *Llanwynno* ym Morgannwg a *Maenorwynno* ym Mrycheiniog.

Gwynnog *g*

Gwynnog ap Gildas ap Caw yw'r sant o'r chweched ganrif a goffeir yn *Llanwnnog*. Yr oedd ganddo frawd *Noethan* a oedd hefyd yn sant. Mae *Tywynnog* yn ffurf arall ar yr enw a dyma a gedwir yn y ffurf Saesneg *St Twynnells*.

Gwynnws *g*

Y sant a goffeir yn *Gwnnws* neu *Llanwnnws* yng Ngheredigion.

Gwynogfryn *g*

Ffurf ar *Gwenogfryn*.

Gwynora *b*

Enw merch yn seiliedig ar *Gwynoro*.

Gwynoro *g*

Un o'r pum sant *Gwyn*, *Gwynno*, *Gwynoro*, *Ceitho* a *Celynin*, meibion *Cynyr Farfwyn*. Coffeir y pump yn *Llanpumsaint* a

Pumsaint. Llanwynoro yw'r enw Cymraeg ar 'Wonastow' yng Ngwent.

Gwyrfai *b/g*
Enw afon yng Ngwynedd

Gwyrosydd *g*
Enw barddol Daniel James o Abertawe, yn cynnwys Gŵyr fel ym *Mro Gŵyr*.

Gwyther *g*
Ffurf ar *Gwythur*

Gwytherin *g*
Sant a goffeir yn *Llanwytherin* neu 'Llanfferin' yng Ngwent, mae'n deillio o'r Lladin **Victorinus**

Gwythur: Gwythyr *g*
Gwythur ap Greidiol yw un o'r cymeriadau 'Culhwch ac Olwen'. Sonnir amdano yn ymladd â *Gwyn ap Nudd* am law *Creiddylad*. **Victor**

H

Haf *b*
'tymor o'r flwyddyn'.

Hafesb *g*
Enw barddol Dewi Roberts o enw nant gerllaw ei gartref yn y Bala, hefyd enw afon ym Mhowys.

Hafgan *g*
Brenin Annwn a laddwyd gan *Pwyll Pendefig Dyfed* yn 'Pwyll Pendefig Dyfed' y gyntaf o 'Pedair Cainc y Mabinogi'.

Hafina *b*
Ffurf anwes ar *Haf.*

Hafren *b*

Merch i *Locrinus* (a roes ei enw i Lloegr) a'i gariad *Esyllt* yn ôl hanes Sieffre o Fynwy sy'n cael ei ail adrodd yn 'Historia Regum Britanniae'. *Sabrina*

Hafwen *b*

'haf' a 'gwen'

Hawen *b*

Enw afon yng Ngheredigion yn seiliedig ar 'haf'

Hawis: Hawys *b*

Benthyciad o *Hawise*, enw poblogaidd ar ferched Normanaidd. Hawise oedd enw gwraig Iarll Caerloyw a gipiwyd o Gastell Caerdydd gan *Ifor ap Meurig* (Ifor Bach) Arglwydd Senghennydd yn 1158. Hawys oedd enw un o gariadon y tywysog *Hywel ab Owain Gwynedd* (bu farw 1170).

Hawystl *b*

Santes ac un o ferched sanctaidd *Brychan*. Ceir ei henw mewn enwau lleoedd nad ydynt yn bodoli bellach, *Caer Hawystl* a *Llanawstl* yng Ngwent.

Hedydd gw. **Ehedydd: Hedydd**

Hedd *g*

Hedd Molwynog a fu fyw yn y ddeuddegfed ganrif, oedd pennaeth y nawfed o bymtheg llwyth brenhinol Gwynedd.

Heddus: Heddys *b*

Enwau'n seiliedig ar *Hedd*.

Heddwen *b*

'hedd' a 'gwen'.

Heddwyn *g*

'hedd' a 'gwyn'.

Heddys *g/b* gw. **Heddus**

Hefeydd: Hefydd *g*
Hefeydd Hen oedd tad *Rhiannon* yn 'Pedair Cainc y Mabinogi'.

Hefin *g*
Enw bachgen yn seiliedig ar 'Mehefin'

Hefina *b*
Enw merch yn seiliedig ar 'Mehefin'.

Heiddwen *b*
Enw merch yn seiliedig ar *Eiddwen.*

Heilin: Heilyn *g*
Mab i *Brychan* a sant y coffeir ei enw yn *Capel Heilin* ar Ynys Môn. Hefyd un o feibion dewr *Llywarch Hen.*

Heini *g*
'bywiog', 'sionc'; *Heinin* oedd enw prifardd *Maelgwn Gwynedd* yn ôl y chwedl 'Hanes Taliesin', a cheir *Castell Heinif* yn Sir Benfro.

Heledd *b*
Chwaer *Cynddylan* sy'n adrodd y cerddi yn galaru am golli ei brawd, Arglwydd Pengwern, mewn brwydr yn erbyn y Saeson.

Helig *g*
Cysylltir enw *Helig Foel ap Glannog* â hanes yn debyg i hanes boddi *Cantre'r Gwaelod*, ond bod teyrnas Helig rhwng Ynys Môn a Chonwy. Efallai cedwir yr enw yn *Pwllheli(g)*?

Helygen *b*
'y goeden'. ***Willow***

Henllys
Enw castell ger Aberteifi.

Heulfryn *g*
'haul' a 'bryn'.

Heulwen *b*
'haul' a 'gwen'.

Heulwyn *g*
'haul' a 'gwyn'.

Heulyn gw. **Heulin**

Hiledd *b*
Y santes a goffeir yn *Llanhiledd* Gwent, ond efallai mai ffurf ar 'Heledd' yw'r enw.

Hirael *g*
'hir' ac 'ael'.

Hiraethog *g/b*
Enw ardal yng ngogledd Cymru.

Hiriell *g*
Arwr yn perthyn i Wynedd a Môn y mae hanesion amdano ei fod ynghwsg ac yn aros i gael ei ddeffro er mwyn achub ei wlad.

Hirlas *g*
Nai *Caswallawn* yn ôl Sieffre o Fynwy yn ei hanes 'Historia Regium Britanniae'.

Hob: Hobyn *g*
Ffurfiau anwes ar *Robyn*.

Hopcyn *g*
Yr oedd *Hopcyn ap Tomos* yn un o uchelwyr Morgannwg yn y bedwaredd ganrif ar ddeg, ceir yr enw *Trehopcyn* ger Pontypridd.

Howel *g*
Ffurf ar *Hywel*

Hu *g*
Hu Gadarn oedd *Hugo*, ymherawdr Caer Cystennin, a fyddai'n aredig ei dir ag aradr o aur.

Huail *g*
Yr oedd *Huail ap Caw* yn un o gymeriadau llys *Arthur* yn 'Culhwch ac Olwen', yr oedd *Huail ap Gildas* yn ymladddwr dewr nad oedd yn barod i dderbyn *Arthur* yn frenin arno. Fe'i

dienyddiwyd gan Arthur yn Rhuthun lle y cedwir '*Maen Huail*' hyd y dydd hwn.

Huan *g*
'haul'

Huana *b*
Enw merch yn seiliedig ar *Huan*.

Hunydd *b*
Un o ferched cysegredig *Brychan*, santes efallai.

Huw *g*
Ffurf Gymraeg ar **Hugh**.

Huwcyn *g*
Ffurf anwes ar *Huw*.

Hwfa *g*
Enw a gysylltir yn benodol ag Ynys Môn. *Hwfa ap Cynddelw* a fu fyw tua 1150, oedd pennaeth y cyntaf o bymtheg llwyth brenhinol Gwynedd.

Hychan *g*
Y sant a goffeir yn *Llanhychan* Dyffryn Clwyd.

Hyfaidd *g*
Hyfaidd Hir oedd un o'r arwyr a laddwyd yn mrwydr Catraeth ac yn y canu cynharaf yma gan Aneirin dywed y bardd 'Hyfaidd Hir edmygir tra bo cerddor'. *Hyfaidd Henllyn fab Caradog Freichfras* oedd Arglwydd Maesyfed, enw sydd yn gywasgiad o 'Maes Hyfaidd'.

Hywel *g*
'gweladwy', 'teg yr olwg', Y sant a goffeir yn *Llanhywel* yn Nyfed, ac enw nifer o frenhinoedd a thywysogion gan gynnwys *Hywel Dda* yn y ddegfed ganrif.

Hywela *b*
Enw merch yn seiliedig ar *Hywel*.

Hywelfryn *g*
'hywel' a 'bryn'.

Hywyn
Hywyn ap Gwyndaf Hen yw sant Aberdaron yn Llŷn.

I

Iago *g*
Mae sawl *Iago* ymhlith y brenhinoedd cynnar o'r 6ed ganrif ymlaen **Jacob**. *Iago* yw'r enw Cymraeg ar **James** yn y Beibl.

Ianto *g*
Ffurf anwes ar *Ifan* neu *Ieuan*

Idgwyn *g*
Enw tywysog o Wynedd yn y chweched ganrif

Idloes
Y sant a goffeir yn *Llanidloes*.

Idnerth *g*
Un o feibion *Meurig ap Tewdrig* brenin Glywysing yn y seithfed ganrif.

Idris *g*
Cawr chwedlonol a phennaeth cewri Meirionnydd. Ceir ei wely (neu ei fedd efallai) ar frig *Cader Idris*. Yr hanes yw y bydd unrhyw un sy'n cysgu yn y gwely hwnnw yn dihuno naill ai'n fardd o'r iawn ryw neu fe fydd yn gwbwl wallgof.

Idwal *g*
Enw ar un o dywysogion Gwynedd yn y seithfed ganrif.

Idwallon *g*
Yr oedd *Idwallon ap Morgan* yn frenin Morgannwg yn y ddegfed ganrif.

Idwen *b*
Enw merch yn cyfateb i *Idgwyn.*

Iddon *g*
Yr oedd *Iddon ap Ynyr Gwent* yn frenin ar Gwent ac yn cyfoesi â *Teilo Sant* yn y chweched ganrif.

Iestyn *g*
Sant o'r chweched ganrif, mab i *Geraint fab Erbin*, brenin Dyfnaint a goffeir yn *Llaniestyn*. Yn ddiweddarach, *Iestyn ap Gwrgant* oedd brenin Morgannwg hyd at 1093 ac y mae prif arglwyddiaethau Morgannwg megis *Afan*, *Baglan*, *Meisgyn*, a *Senghennydd* yn olrhain eu hachau yn ôl i'w feibion ef. **Justinus**

Ieuan *g*
Ieuan, *Sannan* ac *Afan* oedd tri sant *Llantrisaint* Môn. **John**

Ifan *g*
Mewn enw lle fel *Ysbyty Ifan*, mae'r enw yn cyfeirio at sylfaenydd urdd o farchogion crefyddol, yr Ysbytywyr, a adeiladai ysbyty neu 'lety' mewn mannau diarffordd i deithwyr neu bererinion. *John o Jerusalem* a sefydlodd yr urdd yn y ddeuddegfed ganrif. **John**

Ifanna *b*
Enw merch yn seiliedig ar *Ifan.*

Ifanwy *b*
Enw merch yn seiliedig ar *Ifan.*

Ifer *g*
Ffurf ar *Ifor*

Ifon *g*
Ffurf ar *Eifion*

Ifor *g*
Yr oedd *Ifor ab Alun* yn gymeriad chwedlonol sy'n ymddangos yn 'Historia Regum Britanniae' Sieffre o Fynwy, ac *Ifor Bach* ac *Ifor Hael* yn gymeriadau hanesyddol.

Ilan *g*

Y sant y cedwir ei enw yn *Eglwysilan* a *Trefilan*.

Ilar *g*

Sant *Llanilar*, fe'i gelwir yn *Ilar Bysgotwr* mewn un ffynhonnell. **Hilary** (gw. hefyd **Eleri**)

Ilid: Ilud *b*

Ffurf Gymraeg ar '*Julitta*' mam *Cyriacus* (mab ifanc a ferthyrwyd yn Nharsus ar gychwyn y bedwaredd ganrif) ac un arall o ferched cysegredig *Brychan* a ddaeth yn santes. Y tebyg yw mai iddi hi y cysegrwyd *Llanilid* yn wreiddiol. Cafodd enw *Cyriacus* ei gymysgu â *Curig*, sant brodorol, ac ail-gysegrwyd eglwys Llanilid i *Llanilid* a *Churig*, a sonnir am *Capel Curig a'i fam Julitta* mewn un disgrifiad cynnar o Gapel Curig. *Julitta*

Ilon *g*

Mae *Ilon Hwylfawr* (taith hir) yn enw sydd wedi dod lawr o hanes Yr Hen Ogledd.

Ilud gw. **Ilid: Ilud**

Illtud *g*

Abad a fu fyw tua chanol y bumed ganrif. Ef oedd un o wŷr mwyaf dysgedig ei oes a chymaint oedd bri y fynachlog yr oedd yn bennaeth arni fel y'i galwyd yn *Llanilltud Fawr*. Hon oedd canolfan ddysg y cyfnod. Yn ôl yr hanes, yr oedd o waed brenhinol, bu'n arweinydd milwrol ac fe ddaeth i Gymru o Lydaw. Fe'i cynghorwyd i droi o fod yn filwr at fywyd ysbrydol gan *Cadog Sant*.

Ina *b*

Merch i *Ceredig*, santes y cedwir ei henw yn *Llanina*.

Indeg *b*

Merch *Garwy Hir* ac un o wragedd hardd Llys *Arthur*.

Inigo *g*

Pensaer o Lanrwst yn yr unfed ganrif ar bymtheg, mae'r enw yn deillio o'r Roeg **Ignatios**.

Ioan *g*
Enw Beiblaidd. *John*

Iola *b*
Enw merch yn seiliedig ar *Iolo.*

Iolo *g*
Ffurf fachigol neu anwes ar *Iorwerth.*

Ion *g*
Enw bachgen yn deillio o *Ionawr.*

Iona *b*
Enw merch yn deillio o *Ionawr,* hefyd ynys oddi ar arfordir yr Alban.

Iona *g*
Brenin Ffrainc yn 'Culhwch ac Olwen'.

Iori *g*
Ffurf fachigol neu anwes ar *Iorwerth.*

Iorwerth *g*
Brenin Powys yn yr wythfed Ganrif; gŵr *Arianwen ferch Brychan.*
Edward

Irfon *g*
Afon ger Llanfair-ym-Muellt.

Irlwyn *g*
'ir' a 'llwyn'.

Irwen *b*
'ir' a 'gwen'.

Irwyn *g*
'ir' a 'gwyn'.

Isfoel *g*
Enw barddol Dafydd Jones, un o Feirdd y Cilie, yn wreiddiol yn seiliedig ar 'is' + 'moel' (pen mynydd).

Isfryn *g*
'is' a 'bryn'.

Islwyn *g*
Fel yn *Mynyddislwyn* yn ardal Gwynllŵg yng Ngwent.

Ithel *g*
Yr oedd *Ithel Hael mab Hywel ap Emyr Llydaw* (hen enw lle yn ne-ddwyrain Cymru) yn dad ar y saint *Tygái*, *Trillo* a'r *Santes Llechid*. Bu *Ithel ap Morgan* ac *Ithel ap Athrwys* yn frenhinoedd ar Glwysing yn ne Cymru yn y seithfed ganrif.

Ithon *g*
Enw afon ym Mhowys.

Iwan *g*
Ffurf ar *Ifan*.

Iwerydd *b*
Y mae'r chwedlau yn cyfeirio at *Iwerydd* mam *Brân*.

J

Jac *g*
Ffurf Gymraeg ar **Jack**.

Jeremeia *g*
Enw Beiblaidd. **Jeremiah**

Joseff *g*
Enw Beiblaidd. **Joseph**

L

Lefi *g*
Enw Beiblaidd. **Levi**

Lefi *g*
Enw Beiblaidd. *Levi*

Leisa: Leusa *b*
Lisa

Lena *b*
Elen

Leri *b*
Ffurf fachigol, anwes, ar *Eleri*, *Meleri* a *Teleri*.

Leusa gw. **Leisa**

Lili *b*
Fel yn y blodyn 'lili-wen fach'.

Lilwen *b*
'lili-wen'.

Lisa *b*
Ffurf fachigol ar *Elisabeth*.

Liwsi *b*
Ffurf ar *Lucy*.

Lona *b*
Ffurf fachigol, anwes ar *Moelona*.

Lonwy *b*
Ffurf fachigol ar *Aelonwy*.

Lora *b*
Laura

Lowri *b*
Ffurf ar *Lora*.

Luc *g*
Enw Beiblaidd. *Luke*

Luned gw. **Eluned: Luned**

Lyn *b*
Ffurf fachigol ar *Eluned*.

Lyn *g*
Ffurf fachigol ar *Llywelyn*.

Lyneth *b*
Ffurf ar *Luned*.

Lynn *b/g*
Ffurf ar *Lyn*.

Lynwen *b*
'Lyn' (Eluned) a 'gwen'.

Ll

Llawddog *g*
Sant y cedwir ei enw mewn pedair eglwys o dan yr enw *Llanllawddog*.

Llawen *g*
Sant a oedd yn ddisgybl i *Cadfan* ar Ynys Enlli, cedwir ei enw yn *Llanllawen*.

Llechid *b*
Santes a goffeir yn *Llanllechid* Gwynedd.

Llefelys *g*
Brawd *Lludd* yn y chwedl 'Cyfranc Lludd a Llefelys'.

Lleian *b*
Ffurf ar *Lluan*.

Lleirwg *g*
Y sant a goffeir yn *Llanleirwg* ('Llaneirwg' erbyn heddiw).

Lles *g*

Mae *Lles ap Coel* yn enw o'n hanes cynnar. 'Lleision' oedd yr enw ar ddisgynyddion Lles.

Lleu: Llew *g*

Hen dduw goleuni'r Celtiaid. Ef yw'r dewin *Lleu Llaw Gyffes* yn 'Pedair Cainc y Mabinogi' sy'n gallu creu castell allan o wymon a chregyn, a gwraig allan o flodau, sef *Blodeuwedd*. Yn draddodiadol, cysylltir ei enw â *Dinas Dinlle* a *Dyffryn Nantlle*. Ar y cyfandir yn *Lyon* yn Ffrainc a *Leyden* yn yr Iseldiroedd.

Lleucu *b*

Santes *Betws Leucu* yng Ngheredigion. Cysylltir yr enw â'r enw Lladin *Lucia*, ac yr oedd *Lucia forwyn* yn un o ddilynwyr y *Santes Ursula* a hwyliodd o Langwyryfon yng Ngheredigion i'r cyfandir.

Lleufer *g*

'goleuni'

Lleuwen *b*

'goleuni' a 'gwen'

Llew gw. **Lleu: Llew**

Llewela *b*

Ffurf ar *Llywela*.

Llewelfryn *g*

Ffurf ar *Llywelfryn*.

Llewelyn *g*

Ffurf ar *Llywelyn*.

Llewen *g*

Y sant efallai, a goffeir yn *Llanllawen* ger Aberdaron.

Llewenydd *g*

Un o feibion tybiedig *Llywarch Hen*.

Llian *b*

Ffurf ar *Lluan*, neu ffurf anwes ar *Gwenllïan*.

Llibio *g*
Sant, disgybl i *Cybi Sant* y cedwir ei enw yn *Llanllibio*, Bodedern Ynys Môn.

Llifon *g*
Enw afon yng Ngwynedd.

Llinor *b*
Enw'n seiliedig ar *Elinor*.

Llinos *b*
'enw'r aderyn', bu hefyd yn boblogaidd fel enw llwyfan rhai cantoresau.

Llio *b*
Ffurf anwes ar *Gwenllïan*.

Llion *g*
Y cawr chwedlonol a goffeir yn *Caerllion*.

Llisgi *g*
Enw a gedwir yn *Porth Lisgi* Sir Benfro.

Lliw *g*
Mae *Lliw Hen* yn ymddangos yn achau un o hen lwythau Dyfed.

Lliwen *b*
Ffurf ar *Llewen*.

Llonio *g*
Un o saint Celtaidd y chweched ganrif a gysylltir â Phowys Wenwynwyn.

Llorien *g*
Un o feibion *Llywarch Hen* a amddiffynnai'r ffin â Lloegr ar ran ei dad.

Lluan: Llian *b*
Santes ac un o ferched cysegredig *Brychan*. Fe'i henwir yn wraig i *Gafran* a chedwir yr enw yn *Nant Luan* a *Capel Llanlluan*.

Lludd *g*

Lludd ap Beli yw un o frenhinoedd cynnar Sieffre o Fynwy yn y fersiwn Gymraeg o'i 'Historia Regum Britanniae', 'Brut y Brenhinedd'. Yn ôl yr hanes *Caerludd* oedd enw gwreiddiol Llundain, a *Porthludd* yw ffurf wreiddiol Ludgate. Un o hen chwedlau Cymru yw honno a enwir 'Cyfranc Lludd a Llefelys'. Efallai mai ffurf ar *Nudd* oedd Lludd yn wreiddiol.

Llwchaearn *g*

Cedwir yr enw yn *Llanllwchaearn*.

Llwni *g*

Y sant a goffeir yn *Llanllwni*.

Llwyd *g*

Ansoddair yn dynodi lliw, ond hefyd mae'n golygu 'cysegredig, sanctaidd'.

Llyfni *g*

Enw afon yng Ngwynedd.

Llynfi *g*

Enw afon ger Pen-y-bont ar Ogwr.

Llynor *b*

Llŷr *g*

Cyfrifid *Llŷr Llediaith* yn un o gyndeidiau chwedlonol Prydain, ei feibion oedd *Manawydan* a *Brân Fendigaid* cymeriadau pwysig yn yr ail o 'Pedair Cainc y Mabinogi'. *Llŷr ap Bleiddud* oedd y Llŷr a geir yn *Caer Lŷr (Leicester)* a'r cymeriad a enwir yn *Lear* gan Shakespeare.

Llŷr *b*

Mae *Llŷr Forwyn* a goffeir yn *Llanllŷr* Ceredigion yn deillio o'r hen dduw Celtaidd *Llŷr Marini* (yn gysyltiedig â'r môr) gyda 'marini' yn troi yn 'morwyn', ystyr a gryfheir gan ei fod wedi bod yn lleiandy.

Llywarch *g*

Llywarch ap Brân oedd brawd yng nghyfraith *Owain Gwynedd* a phennaeth yr ail o bymtheg llwyth brenhinol Gwynedd. Y mae *Llywarch Hen* yn gymeriad mewn cylch o hen gerddi Cymraeg lle y mae'n galaru ar ôl colli ei feibion bob un wrth iddynt geisio amddiffyn tir eu tad yn erbyn y Saeson.

Llywel *g*

Sant y pentref o'r un enw ym Mrycheiniog a *Llanllywel* Gwent. Sonnir amdano fel disgybl i *Dyfrig* a ddaeth yn un o ddilynwyr *Teilo*.

Llywela: Llewela *b*

Enw merch yn seiliedig ar *Llywelyn*.

Llywelfryn g

Llywel a 'bryn'

Llywelyn *g*

Yn ôl *Brut y Brenhinedd* fersiwn Cymraeg o 'Historia Regum Britanniae' Sieffre o Fynwy, yr oedd *Macsen Wledig* yn fab i *Llywelyn*. *Llywelyn o'r Trallwng* oedd sant Trallwng yn y nawfed ganrif tra bo *Llywelyn ap Seisyll* yn frenin ar Wynedd a'r Deheubarth yn yr unfed ganrif ar ddeg.

Llywes *g*

Enw'r sant a gedwir yn yr enw *Llowes* (Maesyfed), yr oedd *Meilig ap Caw* yn gyd-nawddsant gyda Llywes.

M

Mabli: Mable *b*

Y santes a goffeir yn *Llanfable* Gwent.

Mabon *g*

Mabon oedd duw ieuenctid yr hen Geltiaid, *Modron* (y fam-dduwies) oedd enw ei fam. Rhyddhau Mabon o'i gaethiwed yng

Nghaerloyw yw un o'r tasgau yr oedd *Arthur* a'i filwyr yn gorfod eu cyflawni cyn y gallent ddechrau hela'r Twrch Trwyth yn chwedl 'Culhwch ac Olwen'. Cedwir yr enw yn *Llanfabon* a dyma'r enw sydd wrth wraidd *Rhiwabon* (Rhiwfabon gynt).

Macsen *g*
Yn ôl nifer o haneswyr, tad cenedl y Cymry. Yn y flwyddyn 383 troes yn Gristion ac ennill brwydr fawr dros y Ffichtiaid a'r Sgotiaid gan gael ei dderbyn yn 'Ymherawdr' gan ei fyddin ym Mhrydain. Ceir y traddodiadau Cymreig yn ymwneud â Macsen yn y chwedl 'Breuddwyd Macsen Wledig'. ***Magnus Maximus***

Machen *g*
Enw lle yng Ngwent, *ma* (maes) + *Cain* (enw personol)

Maches *b*
Y santes a goffeir yn *Llanfaches* neu *Merthyr Maches* yng Ngwent.

Machno *g*
Enw'r afon a geir yn *Penmachno*.

Machreth: Machraeth *g*
Y sant a goffeir yn *Llanfachreth* ym Môn a Meirionnydd.

Madlen *b*
Ffurf ar *Magdalen*.

Madog *g*
Mae un *Madog* yn sant a goffeir yn *Llanfadog* Bro Gŵyr, Powys a Sir Gaerfyrddin a cheir sawl *Madog* arwrol arall yn y testunau Cymraeg cynharaf, yn eu plith *Madog ap Uthr*, brawd i'r *Brenin Arthur*; *Madog* hefyd, oedd enw un o feibion *Llywarch Hen*. Ond *Madog ab Owain Gwynedd* yr adroddwyd gan Humphrey Lhuyd mai ef oedd wedi darganfod America tua 1170, ynghyd â'r hanes bod yna lwyth o Indiaid Cochion â llygaid gleision a siaradai Gymraeg, yw'r Madog enwocaf.

Madrun *b*

Madrun, merch i'r brenin *Gwrthefyr* o'r bumed ganrif a geir yn yr enw *Carn Fadrun*, Tudweiliog.

Madyn

Mael *g*

'tywysog', enw sant o'r bumed ganrif a fu'n gydymaith i *Cadfan*. Mae hefyd yn enw sy'n ymddangos yn llinach cynnar bonedd Powys ac yn enw a gedwir yn *Maelienydd* a *Bodfael*.

Maelan *b*

Cedwir hanes *Maelan bi Dôn* yn un o dair chwaer a ddihangodd o orlifiad *Caer Arianrhod* yn Arfon, *Elan* a *Gwennan* oedd ei dwy chwaer.

Maelgwn: Maelgwyn *g*

Maelgwn Fawr neu *Maelgwn Gwynedd*, brenin a fu farw o'r pla melyn yn y flwyddyn 546. Yn ôl y chwedl fe ddaeth yn frenin drwy gystadleuaeth i weld pwy a allai gadw ei draed yn sych o flaen llanw'r môr. Enillodd *Maelgwn* drwy eistedd ar orsedd a nofiai uwchben y dŵr. Mae'r hanesydd cynnar Gildas yn lladd arno fel brenin creulon ond ymladdwr dewr, gŵr anllad ond hael, ac un a dderbyniodd Gristnogaeth, dim ond i wrthgilio i'w hen arferion. Ceir darlun o'i lys cyfoethog a'r beirdd a ganai ei glodydd yn 'Chwedl Taliesin'. Pan ddaeth y pla i'w dir ceisiodd ddianc trwy gloi ei hun mewn eglwys, ond yn ôl yr hanes fe'i trawyd gan y clefyd pan edrychodd allan o'r eglwys drwy dwll y clo.

Maelienydd gw. **Mael**

Maelog *g*

Enw yn seiliedig ar 'mael' tywysog. Yr oedd *Maelog Sant* yn un o ddeg disgybl *Cybi*. Y tebyg yw mai'r un sant ydyw a '*Tyfaelog*' sef Maelog + y rhagddodiad parch 'ty', hwn yw'r sant a goffeir yn *Llandyfaelog*. *Maelog Crwm* (â chefn crwca) a fu fyw yn y ddeuddegfed ganrif oedd pennaeth y seithfed o bymtheg llwyth brenhinol Gwynedd. Cedwir yr enw yn *Nant Maelogan* a *Moel Maelogan*.

Maelon *g*
Enw bachgen yn seiliedig ar *Maelona*.

Maelona gw. Maglona: Maelona

Maelor *g*
Maelor (yn ôl y chwedl) oedd y cawr a drigai yn *Castell Maelor*, enw arall ar *Pendinas* ger Aberystwyth. Mae hefyd yn enw ardal yng Nghlwyd.

Maelrhys *g*
Maelrhys ap Gwyddno un o saint Celtaidd y bumed ganrif a goffeir yn *Llanfaelrhys*, hen gapel ger Aberdaron.

Maen *g*
Maen oedd un o feibion *Llywarch Hen* y lladdwyd pob un ohonynt yn amddiffyn y ffin dros eu tad. Fe'u coffeir mewn cyfres o englynion hen iawn. Enw *Maen* a geir yn *Llysfaen* Llandrillo-yn-Rhos. Efallai bod sant o'r un enw gyda'r rhagddodiad parch 'ty' o'i flaen a fyddai'n rhoi *Tyfaen* fel a geir yn *Llandyfân*.

Maethlu *g*
Maethlu ap Caradog Freichfras, un o saint Celtaidd y bumed ganrif a goffeir yn *Llanfaethlu* Ynys Môn.

Mafonwy: Mafan: Mafon *g*
Ffurfiau ar enw hŷn *Mawan*.

Magdalen *b*
Mair Magdalen enw o'r Beibl.

Maglona: Maelona *b*
Enw yn seiliedig ar y gred anghywir mai Machynlleth oedd y Gaer Rufeinig goll *Maglona* neu *Maglova*.

Mai *b*
Pumed mis y flwyddyn.

Maig: Meic *g*
Yr enwocaf oedd *Maig/Meic Myngfras* (gwallt mawr), brawd *Brochwel Ysgithrog* o'r bumed ganrif.

Mair *b*
Enw Beiblaidd a mam Iesu Grist, ceir llawer o enwau lleoedd yn cynnwys *Llanfair.*

Mairwen *b*
Mair a 'gwen' (cysegredig).

Mal *g*
Ffurf fachigol ar *Maldwyn.*

Maldwyn *g*
Fel yn *Trefaldwyn* neu ym *Maldwyn.* **Baldwin**

Malen *b*
Ffurf ar *Magdalen.*

Mali *b*
Ffurf ar *Magdalen.*

Mallt *b*
Ffurf fachigol ar *Mallteg.*

Mallteg *b*
Y santes a goffeir yn *Llanfallteg*, fe all ei bod yn chwaer i Santes *Clydwen.*

Manawydan *g*
Adroddir hanes *Manawydan fab Llŷr* yn nwy o 'Pedair Cainc y Mabinogi' sef 'Branwen ferch Llŷr' a 'Manawydan fab Llŷr'. Mae'n debyg ei fod yn un o hen dduwiau'r Celtiaid y cysylltir ei enw ag *Ynys Manaw* a *Manaw Gododdin* yn y farddoniaeth gynharaf sydd wedi goroesi yn Gymraeg.

Manod *b/g*
Enw llyn yng Ngheredigion a mynydd ym Meirionnydd 'mân eira'

Manon *b*
'brenhines', 'rhiain deg'

Marared *b*
Ffurf ar *Mererid.*

Marc *g*
Enw o'r Beibl.

March *g*
Yn ôl y chwedl, *March ap Meirchion* neu *March Ameirchion* oedd y brenin â chlustiau ceffyl (march). Yr unig un a wyddai hyn oedd y gŵr a dorrai ei wallt, ac yr oedd yn gyfrinach yr oedd yn rhaid iddo'i chadw os nad oedd am golli ei ben. Yr oedd y gyfrinach yn ormod i'r gŵr a aeth yn sâl. Fe'i rhybuddiwyd gan ei feddyg fod yn rhaid iddo rannu'r gyfrinach neu fe fyddai'r gyfrinach yn ei ladd. O'r diwedd sibrydodd yr hanes i'r cyrs a dyfai ar lan yr afon. Ond pan dorrwyd y cyrs i lunio pibau i'r cerddorion, yr unig beth a ddaeth o'r pibau, drosodd a throsodd oedd 'clustiau ceffyl sydd gan March'. Mae i'r brenin *March* le amlwg yn hanes 'Trystan ac Esyllt' ac y mae'r enw wedi trosglwyddo i'r chwedlau mewn ieithoedd eraill fel y brenin *Mark.*

Marchell *b*
Marchell ferch Hawystl Gloff yw santes yr *Eglwys Wen* (*Whitchurch*) a alwyd hefyd yn *Llanfarchell.* Ei mam oedd *Tywanwedd* ferch *Amlawdd Wledig. Marchell* gynharach (o'r bedwaredd ganrif) oedd enw mam *Brychan.* Anfonwyd *Marchell* gan ei thad *Tewdrig* i Iwerddon lle y priododd a'r tywysog *Anlach.* Cedwir ei henw yn *Caerfarchell,* ardal ger Tŷ Ddewi.

Marchydd *g*
Marchydd ap Cynan a fu fyw yn y nawfed ganrif ac y cysylltir ei enw ag Abergele, oedd pennaeth yr wythfed o bymtheg llwyth brenhinol Gwynedd.

Mardy *g*
Pentref *Maerdy* yn y Rhondda

Mared *b*
Ffurf ar *Marged*; dyma enw gwraig *Owain Glyndŵr*. Mae *Mared* hefyd yn enw yn gysylltiedig â chwedl 'Cantre'r Gwaelod'.

Maredudd: Meredydd *g*
Enw ar fwy nag un o frenhinoedd cynnar Dyfed

Margam: Margan *g*
Un o frenhinoedd chwedlonol Sieffre o Fynwy yn ei 'Historia Regum Britanniae'. Cafodd ei ladd mewn brwydr yn y man lle y codwyd mynachlog a enwyd ar ei ôl sef *Margam*. Y tebyg yw mai amrywiad ar *Morgan* yw'r enw.

Marged *b*
Ffurf Gymraeg ar **Margaret**

Margiad *b*
ffurf y Gogledd ar *Marged*.

Mari *b*
Marie

Marian *b*
Ffurf fachigol ar *Mari*.

Marlais *g*
'mawr' a 'glais' (nant), enw afon yn sir Gaerfyrddin.

Marles *g*
Ffurf ar *Marlais*.

Marlis *g/b*
Ffurf ar *Marles*.

Marteg *g*
'march' a 'teg', enw afon ym Mhowys.

Marwenna *b*
Ffurf ar *Morwenna*.

Mati *b*
Ffurf fachigol ar *Marged* neu *Matilda*.

Math *g*
Adroddir hanes *Math fab Mathonwy* ym mhedwaredd gainc 'Pedair Cainc y Mabinogi', lle y mae'n frenin ond hefyd yn ddewin mawr.

Matholwch *g*
Brenin Iwerddon sy'n priodi *Branwen ferch Llŷr*. Adroddir eu hanes yn 'Branwen Ferch Llŷr' yr ail o 'Pedair Cainc y Mabinogi'.

Mathonwy *g*
Tad (neu efallai mam – cymharer â meibion Dôn), y brenin *Math*, a oedd hefyd yn ddewin neu yn swynwr.

Mawan *g*
Hen enw y mae cyfeiriadau ato yn y cerddi hynaf, yn awgrymu ei fod yn rhan o hen chwedl yn gysylltiedig â Phowys. Cedwir yr enwau *Cwm Fawen*; *Llyn Anafon* a *Nant Mafon*. Fe'i ceir hefyd yn enw'r cwmwd *Mefenydd* (Mawan + ydd yn dynodi 'tir Mawan') yng Ngheredigion a *Bodafon* (bod + Mafon/Mawan) ar Ynys Môn.

Mawdd *g*
Hen, hen enw person (neu dduw hyd yn oed) a gedwir yn yr enwau *Mawddwy* (Mawdd +wy yn dynodi 'gwlad Maw') *Abermo* (Aber + Mawdd), *Mawddach* ac yn yr ardaloedd *Aran Fawddwy* a *Dinas Mawddwy*.

Mechain *b*
Enw ardal ym Mhowys

Mechell: Mechyll *g*
Sant *Llanfechell* Ynys Môn.

Medi *b*
Nawfed mis y flwyddyn.

Medrawd: Medrod *g*
Yn y traddodiadau cynnar, Cymraeg, mae'n arwr sy'n enwog am ei harddwch, ond erbyn iddo gyrraedd y chwedlau Arthuraidd, ef oedd gelyn pennaf y *Brenin Arthur*. **Modred**

Medwen *b*
Enw merch yn seiliedig ar *Medwyn*.

Medwin: Medwyn *g*
Enw cynnar allan o *Llyfr Llandaf*.

Meddwyd *b*
Santes a goffeir yn eglwys plwyf Clocaenog Dyffryn Clwyd.

Mefin *g*
Ffurf ar *Mehefin*.

Meg *b*
Ffurf fachigol ar *Megan*.

Megan *b*
Ffurf anwes ar *Marged*.

Mei *g*
Ffurf anwes ar *Meilir*.

Meic gw. **Maig: Meic**

Meidrim: Meidrym *g*
Enw lle yn Sir Gaerfyrddin

Meigant: Meugan *g*
Bardd cynnar a gysylltir â *Cadwallon ap Cadfan*

Meigen *g*
Enw arwr allan o 'Englynion y Beddau' yn 'Llyfr Du Caerfyrddin'.

Meilig *g*
Ffurf efallai ar *Maelog*.

Meilir: Meilyr *g*

Cysylltir enw *Meilir Sant* â Llys-y-frân yn Sir Benfro; yr oedd *Meilir Brydydd* a ganai tua dechrau'r ddeuddegfed ganrif yn un o'r Gogynfeirdd ac yn fardd llys i *Gruffudd ap Cynan*. Yr oedd *Meilir ap Gwalchmai* yn ŵyr iddo ac ef a goffeir yn *Tre-feilyr* ym Môn.

Meilys *b*

'Mai' a 'llys' (blodyn).

Meinir *b*

'merch', 'rhiain'

Meinwen *b*

'merch', 'rhiain'

Meirchion *g*

Enw a gysylltir â thras nifer o frenhinoedd Morgannwg *Marcianus*

Meirian *b*

Enw merch yn seiliedig ar *Meirion*.

Meirianwen *b*

Ffurf ar *Eirianwen*

Meirion *g*

Mab *Tybion fab Cunedda* yr enwir *Meirionnydd* ar ei ôl.

Meiriona *b*

Enw merch yn seiliedig ar *Meirion*.

Meirionwen *b*

Enw merch yn seiliedig ar *Meirion*.

Meirwen *b*

Ffurf ar *Mairwen*.

Meirwyn *g*

Enw bachgen yn seiliedig ar *Meirwen*.

Meisir: Meisyr *b*

Chwaer i *Heledd* ferch *Cyndrwyn* a *Chynddylan* a goffeir yn 'Canu Heledd'.

Melangell *b*

Dyma'r santes a goffeir yn yr enw *Pennant Melangell* ym Mhowys. *Ethni Wyddeles* oedd mam Melangell a dihangodd Melangell o Iwerddon i Gymru i osgoi priodi yn erbyn ei dymuniad. Yng Nghymru ceir hanes am *Brochwel Ysgythrog*, tywysog Powys, yn hela ysgyfarnog a guddiodd dan glogyn Melangell. Gwrthododd helgwn Brochwel ymosod ar Melangell a glynodd y corn hela wrth wefusau Brochwel. Fel canlyniad rhoddodd Brochwel y tir i Melangell fel lloches i ddyn ac anifail. Yno y cododd Melangell ei chell ac fe'i hadnabuwyd yn nawddsant ysgyfarnogod ac anifeiliaid gwyllt.

Meleri *b*

Gwraig *Ceredig ap Cunedda Wledig*. Dyma'r enw *Eleri* gyda'r rhagddodiad '-*my*' yn dynodi anwylder ('Fy Eleri').

Melfyn *g*

Ffurf ar *Myrddin*.

Melindwr *g*

'melin' a 'dŵr', enw lle ac ardal.

Melwas *g*

Un o'r marchogion allan o'r chwedlau am y *Brenin Arthur*. *Melwas* a gipiodd wraig Arthur, *Gwenhwyfar*. **Meleagant**

Melydyn: Meliden

Sant a gysylltir a *Meliden* neu *Alltmelyd* yn Nhegeingl.

Mellteu *b*

Un o ferched *Brychan Brycheiniog*, ac enw a geir yn *Bedwellte* sef 'bod' (trigfan) *Mellteu*.

Mellteyrn *g*

Enw personol a goffeir yn yr enw lle *Sarn Mellteyrn*.

Men *b*
Ffurf fachigol ar *Menna*.

Menai *b*
Yr afon rhwng Môn ac Arfon.

Menna *b*
Enw merch yn seiliedig ar *Menai*.

Merchwyn *g*
Mae *Merchwyn ap Glywys* yn enw brenin o'r bumed ganrif a geir yn 'Llyfr Llandaf'.

Merddyn *g*
Ffurf ar *Myrddin*.

Merêd *g*
Ffurf anwes ar *Meredudd*.

Meredudd: Meredydd *g*
Ffurfiau ar *Maredudd*.

Mererid *b*
Mae'n dod o'r Lladin *margarita* yn golygu 'perl'.

Merfyn *g*
Yr oedd *Merfyn Mawr* a *Merfyn Frych* yn frenhinoedd cynnar o'r seithfed a'r nawfed ganrif, gydag awgrym cryf eu bod yn gysylltiedig yn wreiddiol ag Ynys Manaw.

Meri *g*
Ffurf ar yr hen enw personol *Môr*, sydd ei hun yn ffurf ar 'mawr'.

Meri *b*
Ffurf ar **Mary**

Meriadoc *g*
Sant *Camborne* yng Nghernyw, hefyd sant adnabyddus iawn yn Llydaw. Ceir *Cefn Meiriadog* yn enw ar fryn yn Ninbych a *Meiriadog*, ardal yn Sir Fflint.

Merian *b*
Ffurf ar *Marian*.

Merierid *b*
Fel *Mererid*, mae'n dod o'r Lladin *margarita* yn golygu 'perl'.

Merin: Meryn *g*
Y sant a goffeir yn *Bodferin* Llŷn. Yr oedd yn un o'r saint Celtaidd cynnar y mae ei enw ar gael yn Nghernyw a Llydaw.

Meugan *g*
Enw sant yn gysylltiedig â *Cemais* yn Nyfed lle y ceir *Pistyll*, *Cwm* a *Dyffryn* wedi'u henwi ar ôl Meugan, ceir *Llanfeugan* ym Mrycheiniog.

Meurig *g*
Meurig ap Tewdrig oedd sylfaenydd llinach a fu'n teyrnasu dros dde-ddwyrain Cymru. Ŵyr i Feurig oedd *Morgan Mwynfawr* yr enwyd *Morgannwg* ar ei ôl. Cedwir ei enw yn *Pwll Meurig* (Gwent). *Meurig fab Rhodri Mawr* a goffeir yn *Ystrad Meurig* (Ceredigion). ***Mauricius***

Meuryn *g*
Enw barddol Robert John Rowlands yn seiliedig ar 'Euryn' sydd wedi'i fabwysiadu yn enw personol.

Miall *g*

Mihangel *g*
Cywasgiad o *Michael Archangel*, ceir llawer o leoedd yn cynnwys yr enw *Llanfihangel*.

Milwyn *g*
Enw nant yn llifo i afon Ystwyth ger Cwmystwyth.

Mineira *b*
Enw yn seiliedig ar 'eira'

Minwel *b*

Mirain *b*
'teg', 'prydferth'

Mirdeg gw. **Myrdeg**

Moc *g*
Ffurf anwes ar *Morgan.*

Modlen *b*
Ffurf ar *Madlen.*

Modron *b*
Merch *Afallach*, brenin Annwfn (y byd arall). Daeth Modron i'r byd hwn a rhoi genedigaeth i'r efeilliaid *Owain* a *Morfudd*, eu tad oedd *Urien Rheged*. Ei henw hi a gedwir yn *Garn Fadrun*, yng Ngwynedd.

Moelfryn *g*
Enw ar nifer o ddarnau gwlad e.e. *Moelfryn* ger Y Bala.

Moelona *b*
Enw barddol yr awdures Elizabeth Mary Jones, yn wreiddiol yn seiliedig ar yr enw fferm *Moelon.*

Moelwen *b*
Enw merch yn seiliedig ar *Moelwyn.*

Moelwyn *g*
Enw mynydd ger Ffestiniog.

Moi *g*
Ffurf anwes ar *Morris.*

Môn *g*
Enw ynys.

Mona *b*
Enw merch yn seiliedig ar *Môn.*

Môr *g*
Mae'n enw amlwg yn hen achau teuluoedd bonedd Cymru. Ceir yr enw yn enwau lleoedd fel *Dolfor* a *Creigfor*. Mae *Myfor* yr ail

elfen yn *Merthyr Mawr* (*Myfor*) yn cynnwys Môr + rhagddodiad annwyl *my-*. Drwy effaith yr 'i' mae *Môr* yn troi'n *Meri*, a dyma a geir yn yr enw lle *Cilmeri*, ac afonydd *Myherin* (Ceredigion) a *Glan Meryn* ger Machynlleth. Ceir yr un elfen *Mor* yn yr enwau *Mordaf*, *Morfudd*, *Morgan* a *Morlais*.

Mordaf *g*
Yr oedd *Mordaf ap Serwan* yn gymeriad o'r chweched ganrif a enwir yn *Mordaf Hael*, un o 'Tri Hael Ynys Prydain'.

Morfael: Morial *g*
Un o feibion *Cyndrwyn* o'r chweched ganrif.

Morfina *b*

Morfran *g*
Cymeriad yn yr hen chwedlau oedd yn enwog am ei hagrwch. Enw arall arno oedd *Afagddu* a hwn oedd mab *Ceridwen* y wrach yn 'Hanes Taliesin'.

Morfudd: Morfydd *b*
Morfudd oedd enw merch *Urien Rheged* a deyrnasai yn yr Hen Ogledd lle mae Swydd Efrog yn awr, a hynny yn ôl yn y chweched ganrif.

Morfwyn *b*
Ffurf ar 'morwyn'

Morgan *g*
Morgan ab Athrwys neu *Morgan Mwynfawr* (mawr ei gyfoeth) a roddodd ei enw ar y wlad y teyrnasai arni, sef *Morgannwg*. Enw arall arni oedd 'Gwlad Morgan' a roddodd inni y ffurf 'Glamorgan'.

Morgana *b*
Enw merch yn seiliedig ar *Morgan*. *Morgan(a)* yw enw chwaer y *Brenin Arthur* yn rhai o'r straeon yn y Chwedlau Arthuraidd.

Morien *g*
Enw o'n barddoniaeth hynaf a'r hen chwedlau yn deillio efallai o'r ffurf **Morigenos*.

Morlais
Enw ar esgob Bangor yn y ddegfed ganrif ac ar afon yn sir Gaerfyrddin.

Morwen *b*
Ffurf ar *Morwenna.*

Morwenna *b*
Santes ac un o ferched cysegredig *Brychan*, dyma'r enw a gedwir yn *Morwenstow* yng Nghernyw.

Mostyn *g*
Enw lle yn sir Fflint sy'n ffurf Gymraeg ar enw lle Saesneg yn wreiddiol

Mwc: Mwcyn *g*
Ffurfiau anwes ar *Morgan.*

Mwrog *g*
Enw'r sant a gedwir yn *Llanfwrog* a *Bodwrog*. Y mae cerdd gynnar yn ei alw yn 'Mwrog haeldeg' ac yn ei osod yn ddisgybl i *Cybi* Sant.

Mwynwen *b*
Un o ferched *Brychan*, santes efallai.

Myfanwy *b*
my- (hen rhagddodiad o anwylder) a 'banwy' (ffurf ar '*banw*' benyw).

Myfi *b*
Ffurf anwes ar *Myfanwy.*

Myfyr *g*
Fel enw person, fe all ddeillio o *memoria* Lladin am 'cof' fel yn 'myfyriwr'. Am yr enw a gedwir yn *Myfyria(o)n* ym Môn a *Llanfihangel Glyn Myfyr*, daw o'r Lladin *memorion* sef 'bedd'.

Myllin *g*
Y sant a goffeir yn *Llanfyllin* ger Mechain.

Mymbyr *g*

Ceir hanes chwedlonol mai *Mymbyr* neu *Membyr ap Madog* oedd sylfaenydd *Caer Fembyr* a ddaeth yn ddiweddarach yn *Rhydychen* (Oxford). Ceir yr enw yn *Llynnau Mymbyr* ger Capel Curig.

Mynyddog *g*

Mynyddog yw'r arweinydd y sonnir amdano yn 'Y Gododdin' gan Aneirin, sy'n casglu ynghyd fyddin o dri chant o wŷr ifainc. Maent yn ymosod ar Gatraeth (Catterick) er mwyn ennill yn ôl o'r Eingl dir a fu gynt yn eiddo i *Urien Rheged*. Er dewred y milwyr, ofer fu'r ymdrech a lladdwyd bron pob un o ddilynwyr Mynyddog.

Myrdeg *b*

'myrt(wydden)' *myrtle*, a 'teg'.

Myrddin *g*

Enw sydd wedi deillio o *Caerfyrddin*. Ond enw Rhufeinig *Moridinum* (*caer ger y môr*) oedd gwraidd Caerfyrddin. Serch hynny tyfodd corff o straeon o gwmpas enw *Myrddin*, y dewin â'r ddawn i ddarogan. Cafodd ei dynnu mewn i'r cylch o chwedlau am y *Brenin Arthur*. **Merlin**

N

Nanno *b*

Ffurf anwes ar *Ann*.

Nannon *b*

Ffurf anwes ar *Rhiannon*.

Nans *b*

Ffurf ar *Ann*.

Nantlais *g*

Enw barddol William Williams, bardd a phregethwr, sy'n cael ei ddefnyddio fel enw personol.

Nanw *b*
Ffurf anwes ar *Nan*.

Nawddan *g*
Hen enw sant, na wyddys ddim amdano a roes ei enw i *Aberddawan*.

Nedw *g*
Ffurf anwes ar **Edward**

Nefydd *g*
Nefydd Hardd o Nant Conwy a fu fyw yn y 12fed ganrif oedd pennaeth y chweched o bymtheg llwyth brenhinol Gwynedd. *Llanufydd* (o'r gair 'ufudd') oedd ffurf gynnar *Llanefydd*.

Nefyn *b/g*
Nefyn neu *Nyfain* oedd enw un o ferched *Brychan*.

Neifion *g*
Ffurf Gymraeg ar **Neptune**.

Neigr gw. **Yneigr**

Neirin *g*
Ffurf ar *Aneirin*.

Nerys *b*
Ffurf fachigol ar *Generys*.

Nest: Nesta *b*
Nest oedd enw merch *Rhodri Mawr* a mam y *Morgan* y cedwir ei enw yn *Morgannwg*, ffurf fachigol ar **Agnes**.

Nia *b*
Nia Ben Aur yw cariad *Osian* yng ngherdd enwog T. Gwynn Jones 'Tir na n-Og'.

Nidan *g*
Un o saint Celtaidd y chweched ganrif y cedwir ei enw yn *Llanidan* Ynys Môn.

Non *b*

Non ferch Cynyr, mam *Dewi Sant*. Yn ôl y traddodiad fe'i treisiwyd gan y brenin *Sant* pan oedd yn lleian. Cedwir ei henw mewn lleoedd sy'n agos at y mannau sy'n gysylltiedig â'i mab enwog, fel *Llan-non* Ceredigion a *Ffynnon Non* ger Tŷ Ddewi.

Nona *b*

Ffurf anwesol ar *Non*.

Now *g*

Ffurf anwes ar *Owen*.

Nudd *g*

Yr oedd *Nudd Hael ap Senyllt* yn un o 'Tri Hael Ynys Prydain' ac yn safon o haelioni i'r beirdd. Y tebyg yw fod Nudd yn Gymraeg yn cyfateb i'r duw Celtaidd, 'Nodens'.

Nye *b*

Ffurf fachigol ar *Aneirin*.

Nyf *b*

Merch a oedd yn safon o brydferthwch i'r beirdd, 'nyf' yw hen air am 'eira'.

O

Odwen *b*

Enw merch yn seiliedig ar *Odwyn*.

Odwyn *g*

Enw yn deillio o enw eglwys *Llanbadarn Odwyn* yng Ngheredigion. Y gair gwreiddiol oedd 'odyn', felly hefyd gyda phlas *Rhydodyn*, a aeth yn *Rhydodwyn* yna *Rhydedwin* sef o'i gyfieithu yn Edwinsford.

Ogrfan *g*

Cawr a gysylltir â Phowys, ef oedd tad *Gwenhwyfar* (brenhines Arthur). Ceir y ffurfiau *Gogrfan* a *Gogran*, ac fe'i cedwir yn rhai enwau lleoedd megis *Blaen Ochram* ac amryw gaerau ar hyd y gororau.

Ogwen *g/b*
Afon yng Ngwynedd.

Ogwyn *g*
Ffurf ar *Ogwen.*

Olwen *b*
Merch brydferth *Ysbaddaden Pencawr* y mae'r chwedl 'Culhwch ac Olwen' yn adrodd sut y cyflawnodd *Culhwch* bob tasg amhosibl a roddwyd iddo gan y Pencawr, cyn y byddai'n ei ganiatáu i briodi ei ferch.

Olwenna *b*
Ffurf ar *Olwen.*

Onllwyn *g*
Pentref yng Nghwm Dulais.

Onwen *b*
'on' (y goeden) a 'gwen'.

Orwig: Orig *g*
Fel yn *Dinorwig* yng Ngwynedd.

Osian *g*
Bardd o chwedlau Iwerddon sy'n ymddangos fel cariad *Nia* yng ngherdd enwog T. Gwynn Jones 'Tir na-n Og'.

Oswyn *g*
O *Oswy* efallai, brenin cynnar Northumbria, yr oedd ei diroedd yn ffinio â thiroedd yr Hen Ogledd yn y chweched ganrif.

Owain *g*
Enw yn gysylltiedig â brenhinoedd o'r Hen Ogledd yn y chweched ganrif, *Owain ab Urien* oedd yr enwocaf y 'Rhamant Owain a Luned, Iarlles y Ffynnon'. **Yvain**

Owen *g*
Ffurf ar *Owain*.

Owenna *b*
Enw merch yn seiliedig ar *Owen*.

P

Pabo *g*
Pabo yw ffurf anwes ar yr enw 'pab' yn golygu 'tad'. Yn ôl y traddodiad troes *Pabo Post Prydyn*, ymladdwr dewr yn erbyn y Ffichtiaid ac arwr o'r Hen Ogledd yn y bumed ganrif, at grefydd yn ei hen ddyddiau a sefydlu llan ar Ynys Môn *Llanbabo*.

Padarn *g*
Ffurf Gymraeg ar yr enw Lladin *Paternus*. *Padarn* a *Dewi* a *Teilo* oedd tri sant enwocaf de Cymru. Yr oeddynt yn gyfoedwyr, ond yr awgrym yw mai *Padarn* oedd yr hynaf, ac ef oedd yn cynnal y traddodiad Cristnogol Rhufeinig yn dilyn ymadawiad *Macsen Wledig* a'r Rhufeiniaid. *Llanbadarn Fawr* oedd ei eglwys bwysicaf. Mae traddodiad bod y Gwyddelod wedi rhoi 'bagl' neu ffon esgobol arbennig iddo a fyddai'n datrys cynnen i'r sawl a dyngai arno. *Cyrwen* oedd enw'r ffon ac efallai dyma'r enw a gedwir yn yr enw *Llangorwen* ger Llanbadarn Fawr.

Padrig *g*
Nawddsant Iwerddon ond hefyd y sant a goffeir yn *Llanbadrig* Ynys Môn. ***Patrick***

Parry: Parri *g*
ap Harri

Pebid *g*
Y gŵr a roes ei enw ar *Pebidiog* (tir Pebid).

Peblig *g*
Y sant a goffeir yn *Llanbeblig* yn Arfon, yr oedd yn fab i *Macsen Wledig*.

Pedr *g*
Enw Beiblaidd. **Peter**

Pedran *g*
Ffurf anwes ar *Pedr*, fe'i cedwir yn yr enwau *Afon Pedran* a *Blaen Pedran*

Pedrog *g*
Pedrog ap Glywys Sant o'r bumed ganrif yw'r sant a goffeir yn *Llanbedrog* benrhyn Llŷn, a *Sain Pedrog* sir Benfro. Yn y traddodiad Cymraeg yr oedd yn un o'r saith gŵr a ddihangodd o frwydr olaf y *Brenin Arthur* yng Nghamlan. Er cymaint ei ddawn â gwaywffon, troes ei gefn ar ryfel a rhyfela. *Pedrog* oedd un o brif saint Cernyw lle y mae *Padstow* yn deillio o *Petrock-stow*. Rhai o frodyr Pedrog oedd *Glywys*, *Gwynllyw*, *Edelig*, *Margam*, a *Cadwal*, enwau a geir ar ardaloedd a theyrnasoedd cynnar.

Peibio *g*
Yr oedd *Peibio ab Erb* yn frenin ar Ergyng yn y chweched ganrif ac yr oedd ganddo ferch *Efrddyl*. Er i *Beibio* geisio lladd ei ferch am ei bod yn feichiog heb fod yn gwybod pwy oedd y tad, ganed mab iddi yn ddianaf a hwnnw oedd *Dyfrig* sant. Y traddodiad yw bod *Peibio* yn glafoerio'n ddi-baid, ond fe wnaeth un cyffyrddiad gan y baban *Dyfrig* wella'r brenin o'i anhwylder. Yr oedd gan Peibio frawd, *Nynnio*, ac yn y chwedl 'Culhwch ac Olwen' maent wedi'u troi yn ychen bannog.

Peleg *g*
Ffurf Gymraeg ar **Pelagius**, y gŵr a ddysgodd nad oedd y fath beth â phechod gwreiddiol, dysgeidiaeth a achosodd rwyg yn hanes cynnar yr Eglwys.

Penarddun *b*
Merch sy'n ymddangos yn 'Branwen ferch Llŷr', ail gainc 'Pedair Cainc y Mabinogi'.

Pennant *g*
Enw ar fwy nag un cwm yng Nghymru.

Pennar *g*
Fel yn *Aberpennar* ym Morgannwg

Penri *g*
ap Henri

Penrhyn *g*
Darn o dir yn ymwthio i'r môr.

Peredur *g*
Peredur Beiswyrdd (clogyn gwyrdd) neu *Peredur Penweddig,* oedd arglwydd yn yr unfed ganrif ar ddeg, â llys ger Aber Ceiro yng Ngheredigion. Dywedir iddo glywed llais yn galw arno wrth iddo godi'i lys, i godi eglwys i'r archangel *Mihangel,* a dyna a geir yn *Llanfihangel Genau'r Glyn.* **Perceval**

Peris *g*
Enw yn deillio o fôn y ferf 'parhau'(paraf, peri etc.) Dyma'r sant a goffeir yn *Llanberis* ac yr enwir *Cian* yn was iddo.

Peryf *g*
Enw a gedwir yn yr achau cynnar.

Peulan *g*
Mab i *Paul Hen o Fanaw* ac yn ddisgybl i *Gybi Sant,* fe'i coffeir yn *Llanbeulan* ar Ynys Môn.

Peulin *g*
Y gŵr a roes ei enw ar *Peuliniog.*

Pirs: Pyrs *g*
Ffurf ar *Peris.*

Powel *b*
ap Hywel

Powys
Enw yn deillio o'r Lladin *Pagus* 'gwlad, ardal, talaith'. *Pageses* oedd trigolion *Pagus* a dyma a rydd yr enw *Powys.*

Price *g*
ap Rhys

Prisiart *g*
ap Rhisiart

Prosser *g*
ap Rhosier

Pryderi *g*
Pryderi yw arwr gwreiddiol 'Pedair Cainc y Mabinogi' mab *Pwyll* a *Rhiannon* a gipiwyd i ffwrdd y noson ar ôl ei eni. Gadawyd y baban bach mewn ffordd ddirgel yng ngofal T*eyrnon Twrf Liant,* Arglwydd Gwent, ond daeth *Teyrnon* i sylweddoli mai *Pryderi fab Pwyll* oedd hwn a'i ddychwelyd i'w rieni. Enw *Teyrnon* ar y babi oedd *Gwri Gwallt Eurin* (aur).

Prydwen *b*
Enw llong *Arthur* yn wreiddiol.

Prydderch *g*
ap Rhydderch

Prys *g*
ap Rhys, ond, hefyd yr un gair yn wreiddiol â 'prysg' llwyni bychain. Fe'i ceir ar y ffurf 'pres' hefyd fel yn *Preseli* sef pres *Seleu* (ffurf ar *Selyf* 'Solomon').

Prysor *g*
Enw afon yng Ngwynedd.

Puw *g*
ap Huw

Pwyll *g*
'Pwyll Pendefig Dyfed' yw teitl y gyntaf o 'Pedair Cainc y Mabinogi', lle y ceir ei hanes yn newid lle gydag *Arawn* brenin Annwfn, yn priodi *Rhiannon* a genedigaeth eu mab *Pryderi* a'r digwyddiadau rhyfedd ynghlwm wrth y rhain.

Pŷr *g*

Enw abad ar fynachlog *Ynys Bŷr*. Ceir hanes bod yr abad wedi meddwi ac wedi syrthio i bwll a marw, ar adeg pan fu *Sant Dyfrig* yn aros ar yr Ynys. Etholwyd *Sant Samson* yn olynydd iddo. Dyma'r enw a gedwir yn enw'r ynys, yn *Maenor Bŷr* a *Sain Pŷr*.

Pyrs gw. **Pirs: Pyrs**

R

Rina *b*
Ffurf fachigol ar *Avarinah*.

Robat *g*
Ffurf Gymraeg **Robert**

Robina *b*
Ffurf fenywaidd ar *Robyn*.

Robyn *g*
Ffurf fachigol ar *Robat*.

Rolant: Rholant *g*
Ffurf Gymraeg ar **Roland**

Ronw *g*
Ffurf fachigol ar *Goronwy*.

Roslyn *g*
Ffurf ar *Rhoslyn*.

Rowena *b*
Ffurf ar *Rhonwen*.

Rʜ

Rhain *g*
Un o feibion *Brychan* a roes ei enw i ardal *Rhieinwg*.

Rheinallt *g*
Ffurf yn seiliedig ar *Rhain* efallai.

Rheon *g*
Ffurf ar *Rhion*.

Rhiain *b*
Merch uchel ei thras.

Rhiainwen *b*
Rhiain a 'gwen'

Rhian *b*
Ffurf ar *Rhiain*.

Rhian *g*
Y sant a goffeir yn *Llanrhian* Dyfed.

Rhiana *b*
Ffurf ar *Rhian*.

Rhianedd: Rhianydd *b*
Ffurf ar *Rhiain*.

Rhiannon *b*
Enw yn deillio o enw'r dduwies Geltaidd **Rigantona* (Brenhines). Ceir hanes ei phriodas â *Pwyll*, geni'u mab *Pryderi*, ac yna ei phriodas â *Manawydan* yn dilyn marwolaeth *Pwyll* yn 'Pedair Cainc y Mabinogi'.

Rhianwen *b*
Rhian, a 'gwen'

Rhicart *g*
Ffurf Gymraeg ar **Richard**

Rhidian: Rhydian *g*
Enw a geir yn *Llanrhidian* Bro Gŵyr, enw yn cynnwys yr elfen 'rhid' hen air am wres neu nwyd.

Rhion *g*
'rhi' (brenin)

Rhirid *g*
Enw o'r achau brenhinol cynnar.

Rhisiart *g*
Ffurf Gymraeg ar **Richard**

Rhiwallon *g*
Mab hynaf morwyn a gododd o Lyn y Fan Fach a briododd fab fferm Bryn Sawdde. Oherwydd iddi gael ei tharo deirgwaith, dychwelodd i'r llyn ac at ei theulu. Ond yn ôl y chwedl trosglwyddodd lawer o wybodaeth am feddygaeth i'w meibion a ddaeth yn enwog fel 'Meddygon Myddfai'. *Rhiwallon* oedd enw un o feibion *Urien* o'r chweched ganrif.

Rhodri *g*
Rhodri Mawr a aned ar Ynys Manaw oedd brenin y rhan fwyaf o Gymru ar ddiwedd y nawfed ganrif.

Rholant gw. **Rolant: Rholant**

Rhona *b*
Ffurf fachigol ar *Rhonwen*.

Rhonwen *b*
Merch brydferth *Hengist* a gwraig *Gwrtheyrn*. **Rowena**

Rhosan *b*
Enw afon ym Mhowys.

Rhosier *g*
Ffurf Gymraeg ar **Roger**

Rhoslyn *g*
'rhos' a 'llyn'.

Rhoswen *b*
'rhos' a 'gwen'.

Rhoswyn *g*
Enw bachgen yn seiliedig ar *Rhoswen*.

Rhosydd: Rhosyn *b*
Y blodyn

Rhuddlad *g*
Enw'r sant a goffeir yn *Llanrhuddlad* Ynys Môn.

Rhuddwyn *g*
Enw cawr a roes ei enw ar *Caer Rhuddwyn* ger Croes Oswallt.

Rhufawn: Rhufon *g*
Enw ar nifer o arwyr, mab *Cunedda* yr enwyd *Rhufoniog* ar ei ôl oedd un, *Rhufon Befr* (disglair) oedd un arall, a gysylltir â chwedl *Arthur* fel arwr dewr, hardd. Lladdwyd *Rhufon Hir* ym mrwydr Catraeth ac a goffeir gan y bardd *Aneirin* yn ei gerdd 'Y Gododdin'.

Rhun *g*
Enw ar nifer o arwyr cynnar y Brythoniaid. Yr enwocaf efallai oedd *Rhun ap Maelgwn* a fu fyw ddechrau'r bumed ganrif. Ceir darlun o ŵr tal â gwallt gwinau yr oedd merched yn ymserchu ynddo. Yn 'Chwedl Taliesin' fe'i hanfonwyd gan ei dad i brofi ffyddlondeb gwraig *Elffin ap Gwyddno*. Bu *Taliesin* yn barod amdano gan osod morwyn gwraig *Elffin* yn ei lle. Ac er bod *Rhun* wedi llwyddo i litho yr hon yr oedd ef yn meddwl oedd gwraig Elffin i'w afael, a thorri ymaith y bys â modrwy Elffin arno, llwyddodd Taliesin i brofi nad bys gwraig Elffin oedd yr un a gymerwyd gan Rhun i'w dad, a thrwy hynny achub ei feistr o garchar Maelgwn.

Rhwydrys *g*
Y sant a goffeir yn *Llanrhwydrys* Ynys Môn.

Rhychwyn *g*

Rhychwyn Farfog o'r bumed ganrif a gysylltir â *Bodrychwyn* ar y ffin rhwng Abergele a Llanfair Talhaearn. *Rhychwyn Sant*, mab *Helig ap Glannog* yw'r sant a goffeir yn *Llanrychwyn* Nanconwy.

Rhydian gw. **Rhidian: Rhydian**

Rhydwen *g*

Bu ymgais i osod yr enw yma yn lle *Chwitffordd* neu *Whitford* rhwng Prestatyn a Threffynnon, a dyma'r enw a roddwyd gan ei dad (brodor o'r ardal) ar y bardd Rhydwen Williams. Digwydd fel enw ar le ger Aberteifi.

Rhydwenna *b*

Enw merch yn seiliedig ar *Rhydwen*.

Rhydwyn *g*

Enw pentref ar Ynys Môn.

Rhydderch *g*

Brenin o'r ail ganrif cyn Crist yn ôl 'Historia Regum Britanniae' Sieffre o Fynwy, tra bo *Rhydderch Hael* yn frenin o'r Hen Ogledd yn y chweched ganrif. Efallai bod yr enw *Carrutherstown* yn yr Alban yn deillio o *Caer Rhydderch*.

Rhyddid *g*

Rhys *g*

Rhys ap Tewdwr oedd brenin y Deheubarth (hen siroedd Penfro, Caerfyrddin a Cheredigion), bu farw 1093.

Rhystud *g*

Enw'r sant a goffeir yn *Llanrhystud* enw yn cynnwys 'rhys' (arwr) a 'tud' (gwlad).

Rhyswen *b*

Enw merch yn seiliedig ar *Rhys*.

S

Sadwrn *g*
Enw'r sant a goffeir yn *Llansadwrn*, ffurf Gymraeg ar **Saturn**.

Sadyrnin *g*
Ffurf anwes ar *Sadwrn*.

Saer *g*
Y crefftwr – saer coed, saer maen, etc.

Saeran: Saran *g*
Saeran (saer bach) ap Geraint Saer, sant *Llanynys*, Dyffryn Clwyd.

Saffrwm: Saffrwn *b*
Enw'r blodyn *crocus*.

Samlet *g*
Sant efallai, a goffeir yn *Llansamlet*.

Sanan *b*
Merch *Cyngen* (Powys) oedd *Sanan* ac yn wraig i *Maelgwn Gwynedd*. Dywedir i Faelgwn drefnu iddi gael ei lladd er mwyn iddo briodi gwraig ei nai (mab ei frawd). Efallai mai ei bedd hi a geir ym *Morfa Rhianedd* heb fod nepell o *Deganwy*, pencadlys Maelgwn.

Sandde *g*
Sandde Bryd Angel oedd un o'r ychydig rai i ddianc yn fyw o Frwydr Camlan, a hynny oherwydd ei fod mor hardd.

Sannan *g*
Mab *Seithennin*, a'r sant y cedwir ei enw yn *Llansannan*. Mae hefyd yn enw nant yn Sir Ddinbych. Gydag *Afan* a *Ieuan* mae'n un o dri sant *Llantrisant* Ynys Môn.

Sara *b*
Enw Beiblaidd.

Saran *b*

Sara ac *Ann*

Sawel *g*

Y sant a goffeir yn *Llansawel* Ystrad Tywi (ond nid felly yn *Llansawel* 'Britton Ferry'). **Samuel**

Sefin *b*

Mam *Cai Hir* a gwraig *Cynyr*. Ceir santes *Sefin* yn cyfateb i'r enwau Lladin *Sabina* neu *Sabinus*. *Llansefin* oedd enw gwreiddiol y plasty a elwir *Glansefin* erbyn hyn.

Seimon *g*

Enw Beiblaidd.

Seiriol *g*

Sant *Ynys Seiriol* a chyfaill *Cybi* Sant. Sonnir ei fod wedi cael sarn wedi'i chodi er mwyn medru cerdded o'i gapel ym Mhenmaenmawr i Ynys Seiriol, a bod *Ffynnon Seiriol* a *Gwely Seiriol* ar Fynydd Penmaenmawr. Am hanes ei enwi'n Seiriol Wyn gw. dan **Cybi**.

Seisyll: Seisyllt *g*

Enw brenhinoedd cynnar yn gysylltiedig â Dyfed a Cheredigion. **Cecil**

Seithennin *g*

Dyma, yn ôl Iolo Morganwg oedd enw ceidwad drysau *Cantre'r Gwaelod*, teyrnas *Gwyddno Garanhir*. Oherwydd meddwdod Seithennin a'i fethiant i sicrhau'r drysau, boddwyd y cantref ger y Borth o dan ddyfroedd y môr. (gw. hefyd **Gwyddno**)

Selyf *g*

Enw ar un o feibion *Brychan* y cedwir ei enw yn hen gantref *Selyf* rhwng Mynydd Epynt ac Afon Wysg. **Solomon**

Seran *b*

Ffurf ar *Saran*.

Seren *b*

Serwan *g*
Hen enw a geir yn achau'r bonedd ac a gedwir yn yr enw lle *Syfyrddin* ym Mynwy

Shoni *g*
Ffurf anwes (y De) ar *Siôn*.

Siams *g*
Ffurf Gymraeg ar **James**.

Siân *b*
Ffurf Gymraeg ar **Jane**

Sianco *g*
Ffurf fachigol ar *Siencyn*.

Siani *b*
Ffurf anwes ar *Siân*.

Siarl *g*
Ffurf Gymraeg ar **Charles**

Siarlys *g*
Ffurf ar *Siarl*.

Sidan *b*

Sieffre *g*
Ffurf Gymraeg ar **Geoffrey**

Siencyn *g*
Ffurf Gymraeg ar enw Fflemaidd o'r cyfandir.

Silian *g*
Ffurf ar *Sulien*, y sant a goffeir yn *Silian* Ceredigion.

Silin: Silyn: Sulyn *g*
Y tebyg yw bod sant Celtaidd â'r enw yma, mae hefyd yn ffurf Gymraeg ar **Giles**, abad Ffrengig a fu mewn bri yn y Canol Oesoedd. Lleolir *Cwm Silyn* yng Ngwynedd.

Silio *g*
Ffurf anwes ar *Silin: Sulyn*.

Siôn *g*
Ffurf Gymraeg ar **John**

Sioned *b*
Ffurf anwes ar *Siân*.

Sioni: Sionyn *g*
Ffurfiau anwes ar *Siôn*.

Siôr *g*
Ffurf Gymraeg ar **George**

Sirian *b*
'ceirios'.

Siriol *g/b*
'llawen', 'llon'

Siwan *b*
Yr enwocaf oedd merch *Brenin John* Lloegr, a ddaeth yn wraig i *Llywelyn Fawr* yn y drydedd ganrif ar ddeg. **Joan**

Siwsan *b*
Ffurf Gymraeg ar **Susan**

Steffan *g*
Ffurf Gymraeg ar **Stephen**

Stifyn: Styfin *g*
Ffurf Gymraeg ar **Stephen**

Stinan *g*
Y sant a goffeir yn *Llanstinan* ger Abergwaun.

Sulgwyn *g*
Enw'r ŵyl.

Sulian: Sulien *g*
Sant Celtaidd, cydymaith *Cadfan Sant*, ac enw ar abadau

Llandochau a Llancarfan o'r seithfed ganrif. (Gw. hefyd **Silin** a **Tysilio**)

Sulwen *b*
Enw merch yn seiliedig ar *Sulwyn*

Sulwyn *g*
'Sul' a 'gwyn' (y Sulgwyn).

Swyn *b*
'hud a lledrith'

T

Talfan *g*
'tal' a 'ban' (pen mynydd), enw lle ym Mro Gŵyr.

Talfryn *g*
'tal' a 'bryn', enw ar fryniau mewn nifer o ardaloedd wedi'i fabwysiadu fel enw person.

Talhaearn *g*
Gydag *Aneirin* a *Taliesin*, mae'n un o dri o feirdd a ysgrifennai yn Gymraeg yn gynnar iawn.

Taliesin *g*
Gydag *Aneirin*, y mae ef yn un o'r ddau fardd y mae ei waith wedi goroesi o'r cyfnod cynharaf un yn ymestyn yn ôl i'r chweched ganrif. Yr oedd hefyd yn destun chwedl yn ymwneud â tharddiad yr awen farddonol. Yr oedd *Morfran* mab y *Tegid Foel* a'r hudoles *Ceridwen*, yn ofnadwy o hyll, ac er mwyn rhoi iddo rinwedd arbennig, yr oedd Ceridwen wedi penderfynu dewino arno holl wybodaeth y byd. Er mwyn gwneud hynny bu raid berwi cymysgedd hud am flwyddyn a diwrnod a'i ddistyllu i dri diferyn a fyddai'n cynnwys y cyfan. Rhoddwyd y gwaith o gadw'r tân ynghynn i'r gwas bach *Gwion*. Ar ddiwedd yr amser fe dasgodd y diferion berwedig o'r crochan a disgyn ar fys y

gwas bach, a wthiodd ei fys i'w geg a llyncu a thrwy hynny ennill holl wybodaeth y byd. Yr oedd Ceridwen am ei waed, ond gyda'i wybodaeth newydd newidiodd Gwion ei hun yn ysgyfarnog nes i Ceridwen ei throi ei hun yn filiast, yna newidiodd Gwion yn bysgodyn a Ceridwen yn ddyfrast, Gwion yn aderyn a Ceridwen yn hebog, ac yna troes Gwion ei hun yn hedyn o rawn mewn pentwr o rawn. Ond dyma Ceridwen yn ei throi ei hun yn iâr a bwyta'r grawn. Ymhen naw mis ganed y babi tlysaf yn y byd i Ceridwen, un na fedrai yn ei byw ei ladd, felly fe'i gollyngodd i'r môr mewn gorchudd o groen. Daeth y croen i'r lan ger y lle a elwir heddiw Tref Taliesin. *Elffin fab Gwyddno Garanhir* a'i canfu ac a roes yr enw Taliesin ar y babi. Yna ceir nifer o hanesion am gampau barddol Taliesin a'r ffordd y dangosodd ei hun yn fwy o fardd o lawer na beirdd y brenin *Maelgwn Gwynedd.* (gw. hefyd **Ceridwen, Elffin**)

Talog *g*
'hyderus', 'bywiog', hefyd enw pentref yn Sir Gaerfyrddin.

Talwyn *g*
'tal' a 'gwyn'

Tanad: Tanet *b*
Enw person yn seiliedig ar 'tân' ac '-ed' fel yn *Aled.* Ceir yr un bôn yn *Abertanad* ac yn *afon Tanat.*

Tanglws: Tanglwst *b*
Ffurfiau ar *Tangwystl*

Tangwen: Tanwen *b*
Merch i gymeriad yn y chwedl 'Culhwch ac Olwen'.

Tangwystl *b*
Enw merch sy'n ymddangos nifer o weithiau yn y llinachau cynnar.

Tanwg *g*
Enw person yn seiliedig ar 'tân'. Dyma enw'r sant a gedwir yn *Llandanwg.* Yr oedd yn un o saint Ynys Enlli yng nghwmni *Cadfan.*

Taran *g*
'tyrfau'.

Tarren *g*
'esgair, cefn mynydd'.

Tathan *b*
Y santes a goffeir yn *Sain Tathan*.

Tawe *g*
Enw afon.

Taweli *g*
Enw person yn seiliedig ar 'tawel' (gw. hefyd **Tyweli**)

Tecwyn: Tegwyn *g*
Cyfuniad o 'teg' a 'gwyn' (yn golygu 'uchel ei fri'), *Tegwyn ap Gwyddno Hen* yw'r sant a goffeir yn *Llandecwyn*, sonnir amdano ymhlith y saint a fu'n gwmni i *Cadfan Sant* ar Ynys Enlli.

Tegai *g*
Ffurf ar *Tygai*.

Tegan *g*
Ffurf fachigol, anwes yn seiliedig ar 'teg'.

Tegau *b*
Gwraig chwedlonol yr oedd ganddi fron o aur ac a oedd yn enwog am ei diweirdeb. Sonnir am fantell hud Tegau, a fyddai'n rhy fyr i unrhyw wraig anniwair a'i gwisgai, ond a fyddai'n gweddu i'r dim i wraig ffyddlon.

Tegeirian *b*
Enw blodyn 'orchid'..

Tegerin: Tegeryn *g*
Enw yn gysylltiedig â llinach bonedd Ynys Môn.

Tegfan *g*
Tegfan ap Carcludwys, sant o'r bumed ganrif y cedwir ei enw yn *Llandegfan*.

Tegfedd *b*

'teg', 'medd' (un yn meddu tegwch). *Tegfedd ferch Tegid Moel*, (o ganol y 5ed ganrif) gwraig *Cegid ap Ceredig* a mam *Afan Buellt* yw'r *Tegfedd* a goffeir yn *Llandegfedd*.

Tegid *g*

Tegid Foel yw'r Tegid a gysylltir â *Llyn Tegid*. Yn ôl 'Chwedl Taliesin' ef oedd gŵr *Ceridwen* a thad *Morfran* (Afagddu). Yr awgrym yw bod y llyn wedi boddi ei diroedd.

Tegid *b*

Merch *Cunedda Gwledig* o'r bumed ganrif.

Tegla *b*

'teg' a 'lleu' (goleuni), *Tegla Forwyn*, santes a berthyn i'r traddodiad Celtaidd y cedwir ei henw yn *Llandegla* a *Llandegley*.

Tegrudd *g/b*

'teg' a 'grudd' (boch)

Tegryn *g*

Egryn ynghyd â'r rhagddodiad parch 'tŷ-'; enw ar bentref yn Sir Benfro.

Tegwared

Tegwedd *b*

'teg' a 'gwedd'

Tegwel *g*

Ffurf ar *Tegwel* fel yn *Llandegwel*, sydd ei hun yn ffurf ar yr enw *Dogfael*.

Tegwen *b*

Fel *Tecwyn*, cyfuniad o 'teg' a 'gwen' i greu fersiwn benywaidd o'r enw.

Tegwyn gw. **Tecwyn: Tegwyn**

Tegyd *g*

Ffurf ar *Tegid*.

Tegyr *g*
Enw personol a gedwir yn *Tredegyr* Sir Fynwy.

Teifi *g*
Enw prif afon Ceredigion.

Teifion *g*
Eifion ynghyd â'r rhagddodiad parch '*ty-*'.

Teifryn *g*
'Teifi' a 'bryn'

Teifwen *b*
Enw merch yn seiliedig ar *Teifi*.

Teilo *g*
Eliudd (arglwydd ar lawer) oedd enw ffurfiol y sant, ond yr oedd yn arfer gan ddilynwyr y saint Celtaidd cynnar i greu enw anwes ar gyfer eu harweinydd ysbrydol, drwy ychwanegu'r terfyniad '*-o*' i ddiwedd yr enw a'r rhagddodiad '*ty-*' yn dynodi parch ar ddechrau'r enw, felly 'ty +*Eliudd* + o' yn troi'n *Teilo*. Cysylltir enw Teilo â *Dewi* a *Padarn* fel tri chenhadwr grymus, a chysegrwyd nifer fawr o eglwysi yn enw Teilo. Bu'n ddisgybl i *Illtud* yn Llanilltud Fawr a sefydlodd Illtud ei brif eglwys yn Llandeilo Fawr.

Telaid *b*
'prydferth', 'hardd'

Telerch *b*
Ffurf ar **Elerch** – sef '*ty-*' y rhagddodiad parch + *Elerch* – a gedwir yn *Tredelerch*.

Teleri *b*
Yr enw *Eleri* ynghyd â'r rhagddodiad parch '*ty-*'. Dyma enw'r afon a geir yn *Abertyleri*.

Telfryn *g*
Ffurf ar *Talfryn*.

Telor *b*
O 'telori', canu (fel aderyn)

Telynog *g*
Enw yn seiliedig ar 'telyn'

Terfel *g*
Ffurf ar *Derfel.*

Terwyn *g*
'ter' gloyw, disglair, 'gwyn', enw a geir yn *Cwm Terwyn* ger Mallwyd.

Tesni *b*
'cynhesrwydd'

Tewdwr *g*
Enw yn mynd yn ôl at *Tewdwr Mawr* o'r bumed ganrif.

Teyrnon *g*
Teyrnon Twryf Liant oedd Arglwydd Gwent Is-Coed yn chwedl gyntaf 'Pedair Cainc y Mabinogi'. Yn ôl y chwedl yr oedd ganddo gaseg a fwriai ebol bob Calan Mai ond fe fyddai'r ebol yn diflannu. Arhosodd ar lawr a gweld crafanc yn dod drwy'r ffenestr i gipio'r cyw ceffyl. Mae'n torri'r grafanc i ffwrdd gyda'i gleddyf ac yn rhuthro i ddal beth bynnag oedd yno, ond ni welodd ddim. Pan aeth yn ôl i'w dŷ, darganfu bachgen bach ar y trothwy. Mae ef a'i wraig yn ei fabwysiadu a'i alw'n *Gwri Wallt Euryn*, a chanfod ymhen hir a hwyr mai mab *Pwyll* a *Rhiannon* oedd y bychan. *Nant Teyrnon* oedd ffurf wreiddiol *Llantarnam.* (gw. hefyd **Pryderi**)

Timotheus *g*
Enw Beiblaidd *Timothy*

Tirion *g/b*
'addfwyn', 'caredig'

Tomas: Tomos *g*
Ffurf Gymraeg ar *Thomas*

Tonlas *b*
'ton' (darn o dir heb ei drin) a 'glas'.

Tonwen *b*
Gwraig *Dyfnwal Moelmud*, brenin cynnar yn ôl 'Historia Regum Britanniae' Sieffre o Fynwy.

Towy *g*
Enw afon.

Towyn *g*
Enw pentref yng Ngwynedd. (gw. hefyd **Tywyn**)

Trahaearn *g*
Brawd *Llywelyn* tad *Macsen Wledig* yn ôl hanes Sieffre o Fynwy.

Trebor *g*
O'r enw barddol *Trebor Mai*, sydd, o'i wyrdroi, yn deillio o 'I am Robert'.

Trefin *g*
Enw barddol Edgar Phillips, yn seiliedig ar enw pentref yn sir Benfro.

Trefina *b*
Enw merch yn seiliedig ar *Trefin*

Trefor *g*
'Tref fawr' oedd enw ar ardal ger Llangollen a defnyddiwyd y ffurf 'Trefor' yn wreiddiol gan deulu pwysig yn byw yn y rhan hon o'r wlad (gw. **Tudur Trefor**).

Tregeles: Tregelys *bg*
Mae *Tregele* yn bentref ar Ynys Môn.

Trillo *g*
Trillo ab Ithel Hael a fu fyw yn y bumed ganrif yw'r sant a goffeir yn eglwysi *Llandrillo-yn-Rhos*, a *Llandrillo-yn-Edeirnion*.

Tristan gw. **Trystan: Tristan**

Tryfan *g*

Enw ar fynydd yn Eryri.

Tryffin *g*

Enw Brythonig yn deillio o'r enw Lladin ***Tribunus***. Brenin Dyfed tua chanol y bumed ganrif.

Trystan: Tristan *g*

Enw a gedwir mewn rhai enwau lleoedd yng Nghymru ond a gysylltir am byth ag enw ei gariad *Esyllt* yn y chwedl 'Tristan ac Esyllt'. (am yr hanes gw. dan **Esyllt**)

Tudfor *g*

Ffurf ar *Tydfor*

Tudful: Tudfil: Tudfyl *b*

Y santes y cedwir ei henw yn *Merthyr Tudful*. Yr oedd hi'n ferch i'r Brenin *Brychan*.

Tudno *g*

Enw yn cynnwys y ffurfiau 'tud' gwlad a 'gno' cyfarwydd, adnabyddus ('un enwog yn ei wlad'). Tudno yw'r sant a goffeir yn *Llandudno*. Ei dad oedd *Seithennin*, brenin a gysylltir â *Cantre'r Gwaelod* yng Ngheredigion (gw, dan **Gwyddno**). Fe'i hadnabuwyd fel Tudno *Cyngreawdwr Fynydd* (mynydd yr ymgynnull), sef enw gwreiddiol y mynydd ar ben y Gogarth ger Llandudno.

Tudur *g*

Sant Celtaidd o'r bumed ganrif y coffeir amdano yn *Eglwys Dudur* Llanuwchllyn a *Ffynnon Dudur* yn Nyffryn Clwyd. *Tudur Trefor* (sef y pentref ger Llangollen) a fu fyw yn y ddegfed ganrif oedd pen ar linach pwysig o deuluoedd bonedd ar hyd y Mers.

Tudwal *g*

Enw'r sant a gedwir ym mhlwyf *Tudweiliog* yn Llŷn ac yn *Llanstadwel* (Penfro). Yr oedd hogfaen neu garreg hogi *Tudwal Tudclyd* yn un o 'Dri Thlws ar Ddeg Ynys Prydain' na fyddai'n hogi cleddyf gŵr llwfr, dim ond cleddyf milwr dewr.

Tudwen *b*

Y santes a goffeir yn *Llandudwen* ym Mhen Llŷn, yr oedd yn ferch arall i *Brychan*.

Tudwg *g*

Y sant a goffeir yn *Llandudwg* (Tythegston) Morgannwg.

Tweli *g*

Ffurf ar *Tyweli*.

Twm *g*

Ffurf fachigol *Tomos*.

Twrog *g*

Yr enw *Gwrog* gyda'r rhagddodiad parch 'ty-' o'i flaen. Dyma'r sant a goffeir yn *Llandwrog* a *Maentwrog*. Y tebyg yw iddo fod yn ddisgybl i *Beuno* ac yn gofnodydd efallai iddo, gan fod sôn am lyfr a ysgrifennwyd gan *Twrog*.

Twynog *g*

'twyn' bryncyn, mae *Maestwynog* yw enw lle ger Brycheiniog ac yn enw fferm ger Llanwrda; neu fe all fod yn ffurf ar *Tywynnog*.

Tybïe *b*

Santes *Llandybie* a merch i'r brenin *Brychan*.

Tydecho *g*

Yn ôl yr hanes fe ddaeth *Tydecho ab Annun Ddu* o Lydaw i Gymru. Treuliodd beth amser gyda *Dogfael* a *Tegfan* yn *Llandudoch*, ond nid oedd yn or-hoff o'r môr, gwell ganddo eangderau gwyllt Mawddwy. Mynnodd *Maelgwn Gwynedd* a fu'n dipyn o dreth ar fwy nag un sant, fod y sant yn gofalu am re o feirch gwynion. Fe wnaeth hyn ond eu troi nhw'n felyn. Dygodd Maelgwn ychain y sant ond cafodd y sant y ceirw i droi ei dir yn eu lle. Daeth Maelgwn wedyn a'i helgwn i boeni'r sant, ond wrth i'r brenin eistedd ar graig ger cell y meudwy, cafodd ei hun wedi'i lynu'n gaeth i'r llechen a gorfod ymddiheuro ac adfer ychain Tydecho cyn cael ei ollwng yn rhydd. Roedd ganddo chwaer *Tegfedd* a bu raid iddo ei hachub rhag pennaeth gwyllt arall.

Tydfil gw. **Tudful**

Tydfor *g*
Enw'r bardd Tydfor Jones, yn seiliedig ar 'Tydu' (o *Cwmtudu* a 'môr').

Tyfaelog *g*
Sant *Llandyfaelog* enw ar leoedd yn Sir Gaerfyrddin a Brycheiniog.

Tyfái *g*
Un o saint Celtaidd y chweched ganrif a goffeir yn *Llandyfái* (Lamphey), Sir Benfro ac yn *Llandyfeisant* Ystrad Tywi.

Tyfannog *g*
Y sant a roes ei enw i *Ynys Tyfannog*, sef 'Ramsay Island' ger Tyddewi.

Tyfid *g*
Arglwydd Treffynnon yn y seithfed ganrif, gŵr *Gwenlo* (chwair Beuno) a thad Santes *Gwenfrewi*.

Tyfodwg *g*
Y sant a goffeir yn *Ystradyfodwg* ac un o dri sant *Llantrisant* Morgannwg.

Tyfrïog *g*
Briog sant gyda rhagddodiad parch 'ty-'. *Brigo-maglos fyddai'r ffurf Frythoneg a roes *Saint-Brieuc* yn Llydaw a *St Breoc* yng Nghernyw a *Llandyfrïog* yng Ngheredigion

Tyfrydog *g*
Sant *Llandyfrydog* Ynys Môn.

Tygái *g*
Yr enw *Cai* gyda'r rhagddodiad parch 'ty-'o'i flaen. Y sant o'r bumed ganrif a goffeir yn *Llandegai* Gwynedd.

Tygwy *g*
Sant Celtaidd o'r chweched ganrif y cedwir ei enw yn *Llandygwydd*.

Tyleri: Teleri *b*
Eleri gyda'r rhagddodiad parch '*ty-*' o'i flaen.

Tysil: Tysul: Tysilio *g*
Enwau yn cynnwys '*Sul*' a '*Sulio*', sef ffurfiau anwes ar *Sulien/ Suliau* ynghyd â'r rhagddodiad parch '*ty-*'. *Suliau* oedd mab hynaf *Brochwel Ysgythrog* brenin Powys yn y chweched ganrif. Yn erbyn ewyllys ei dad aeth yn fynach a chysylltid ei enw â *Meifod*, prif eglwys Powys ar y pryd. Bu farw ei dad ac fe'i holynwyd gan *Iago*, brawd Suliau. Bu farw Iago'n ifanc a cheisiodd gwraig Iago briodi Suliau ac yna dial arno pan wrthododd. Dihangodd Suliau i Lydaw.

Tysul *g*
Ffurf anwes ar *Sulien/Suliau* ynghyd â'r rhagddodiad yn dynodi parch '*ty-*'. *Tysul ap Corun mab Ceredig* yw'r sant a goffeir yn *Llandysul*.

Tyweli: Tweli *g*
Enw afon ger Llandysul yn seiliedig ar 'tawel'.

Tywi *g*
Enw afon.

Tywyn *g*
Enw yn wreiddiol am draeth tywodlyd. (gw. hefyd **Towyn**)

Tywynnog *g*
Ffurf ar *Gwynnog* gyda'r rhagddodiad parch '*ty-*' a gedwir yn enw pentref *Botwnnog* yn Llŷn a *St Twynnells* Dyfed.

U

Uchdryd *g*
Enw a geir yn y Chwedlau Arthuraidd a hefyd yn *Hafod Uchdryd* yng Ngheredigion.

Udrud *g*
Enw personol a goffeir yn enw'r cwmwd *'Mabudrud'* yn Ystrad Tywi.

Undeg *b*
Ffurf ar *Indeg*.

Urien *g*
Un o frenhinoedd Rheged yn yr Hen Ogledd yn y chweched ganrif, yr oedd y bardd *Taliesin* yn canu mawl iddo.

Uthr *g*
Uthr Bendragon, brenin hanesyddol o'r bumed ganrif, ef yw tad y *Brenin Arthur* yn y chwedlau am Arthur.

V

Velvor *b*
Enw merch sy'n ymddangos ar hen arysgrif ar faen yn Llandysul.

W

Wedros *g*
Enw yn seiliedig ar *Caerwedros* yng Ngheredigion.

Wena: Wenna *b*
Ffurf fachigol ar *Owenna*, neu o 'wennaf' fel yn 'wennaf wen'

Wmffre *g*
Ffurf Gymraeg ar **Humphrey**

Wrswla *b*
Santes Eglwys Llangwyryfon, ceir hanes ei bod hi ac 11,000 o wyryfon ('weryddon' yw ffurf arall ar y gair) wedi gadael y rhan hon o'r wlad hon i briodi â brenin Paganaidd ar y cyfandir.

Cafodd y llongau eu chwythu ar chwâl i fyny afon Rhein hyd at Gwlen (Cologne), lle y cafodd hi a'u morynion eu merthyru gan luoedd Paganaidd. Ceir eglwysi wedi'u cysegru yn enw *Wrswla* yn Cologne a *Llangwyryfon*. Yr oedd hanes Wrswla a'i morynion yn adnabyddus drwy Ewrop yn y Canol Oesoedd fel 'The Golden Legend'.

Wyn *g*
Ffurf ar *Gwyn*

Wyneira *b*
Ffurf ar *Gwyneira*

Wynn: Wynne
Ffurfiau ar *Wyn*

Wyre *g*
Enw afon yng Ngheredigion

Y

Ylched *g*
Sant *Llechylched* (neu 'Llanylched') Ynys Môn.

Yneigr *g*
Mab *Gwron ap Cunedda* a frwydrodd ynghyd â'i gefnder *Cadwallon Lawhir* tua 450 OC i yrru'r Gwyddelod o Ynys Môn. Cedwir ei enw yn *Rhosneigr*.

Ynyr *g*
Enw brenhinol Gwent yn y bumed a'r chweched ganrif.

Ywain *g*
Ffurf wreiddiol *Owain*

Yr Enwau Plant Mwyaf Poblogaidd

Mae'r rhestr o enwau arwyr ac enwogion yn cynnig llawer o
enwau a fyddai'n addas i fachgen neu ferch. Ond fel yr eglurwyd
mae cymaint o wahanol fathau o enwau gan gynnwys rhai na
fyddant yn addas yn enw ar blentyn, penderfynwyd ceisio
adnabod yr enwau plant mwyaf poblogaidd

Er mwyn cael sampl eang o enwau plant, bûm yn ddigon
ffodus i dderbyn miloedd o enwau plant o Wynedd a
Cheredigion. Nid yw'n groestoriad o Gymru gyfan ond y mae'n
seiliedig ar enwau mwyaf poblogaidd dwy sir Gymraeg.

Un o'r nodweddion y sylwais arni yn perthyn i'r rhestr
enwau cynifer o'r *ail* enwau bedydd oedd yn seiliedig ar enw yn
gysylltiedig â'r wlad – enw bro, afon, tref, nodwedd etc. Mae'n
wir bod rhai o'r rhain i'w gweld yn y rhesi isod, ond holl bwynt
defnyddio enw felly yw gosod enw nodweddiadol, arwahanol
efallai, nad yw'n enw cyffredin, ar blentyn.

Merched

Aelonwy	Catrin	Eirlys
Alaw	Ceris	Eluned
Angharad	Delyth	Enfys
Anwen	Dwynwen	Enid
Arianwen	Eiddwen	Ffion
Bethan	Eilir	Glesni
Branwen	Eira	Gwawr
Caris	Eirian	Gwenllian
Caryl	Eirianwen	Gwenno

Gwerful
Heledd
Lowri
Llinos
Mair
Mairwen
Manon
Mared
Mari
Medi

Megan
Menai
Menna
Mererid
Mirain
Morfudd
Nerys
Nia
Olwen
Rhian

Rhiannon
Rhianwen
Siân
Sioned
Siriol
Siwan
Tegwen
Teleri
Tudful

BECHGYN

Aeron
Aled
Alun
Alwyn
Aneirin
Arfon
Arwel
Arwyn
Bedwyr
Berian
Berwyn
Bleddyn
Brinli
Bryn
Brynmor
Cai
Caradog
Carwyn
Cemais
Ceredig
Ceri

Cerys
Cledwyn
Crwys
Curig
Cynan
Dafydd
Deian
Derwyn
Deulwyn
Dewi
Dilwyn
Dyfan
Dyfed
Dyfrig
Dylan
Egryn
Eifion
Einion
Eirwyn
Elfed
Elgan

Elwyn
Emlyn
Emrys
Emyr
Eurof
Euros
Eurwyn
Geraint
Gerallt
Gerwyn
Gethin
Glyndwr
Goronwy
Gruffudd
Gwern
Gwion
Gwydion
Gwyn
Gwynfil
Gwynfor
Hedd

Hefin	Llew	Peredur
Hywel	Llywelyn	Rheinallt
Idris	Maldwyn	Rhidian
Iestyn	Meilir	Rhodri
Ieuan	Meirion	Rhys
Ifan	Meurig	Siôn
Ifor	Milwyn	Talfryn
Ioan	Morgan	Tecwyn
Iolo	Myrddin	Tomos
Iorwerth	Osian	Trystan
Islwyn	Owain	Wyn
Iwan	Owen	
Jac	Penri	

ENWAU A CHYFENWAU YN DEILLIO O FFURFIAU CYMRAEG

O orfod symud o drefn yr hen Gyfreithiau Cymreig i gyfundrefn gyfreithiol Lloegr yn dilyn y Deddfau Uno (1536, 1542) bu raid creu cyfenwau teuluol newydd. Yr oedd yr hen ffordd o lunio enwau yn seiliedig ar enw'r tad (fel yn Yr Alban ac yn Iwerddon), *Dafydd fab Gwilym, Siôn fab Ifan* a ddaeth drwy hir arfer yn *Dafydd ap Gwilym, Siôn ab Ifan.* Yn eu cyfrol *Welsh Surnames*, mae T.J. Morgan a Prys Morgan yn dangos sut y cafodd y ffurfiau hyn eu trosglwyddo i'r gyfundrefn Saesneg newydd. Dyma ddetholiad o'r cyfenwau newydd.

Cyfenw newydd	Gwreiddiol
Anwyl	annwyl
Beddoes	Bedo
Bellis	ab Elis
Beynon	ab Einion
Bevan	ab Ifan
Bithell	ab Ithel
Blainey	blaenau
Blythin	Bleddyn
Bonner	ab Ynyr
Bowen	ab Owen
Brace	bras (tew)
Breeze	ap Rhys
Brymor	Brynmor
Bumphrey	ab Wmffre

Bunner	ab Ynyr
Bunyan	ab Einion
Games	cam (llygad)
Cecil	Seisyll
Clough	cloff
Craddock	Caradog
Day	Dai
Dee	du
Devonald	Dyfnwal
Dewey	Dewi
Egham	Fychan
Ethall	Ithel
Floyd	Llwyd
Gittings	Guto
Gooch	coch
Gwilliam	Gwilym
Harris	Harri
Hier	hir
Lloyd	llwyd
Mayler	Meilyr
Mayne	main (tenau)
Mellings	melyn
Merrick	Meurig
Parry	ap Harri
Povey	ap Hwfa
Powell	ap Hywel
Price	ap Rhys
Pritchard	ap Rhisiart
Probert	ap Robat
Prosser	ap Rhosier
Prothero	ap Rhydderch
Pughe	ap Huw
Treharne	Trahaearn
Vaughan	bychan (ieuengaf)
Voyle	moel

ENWAU LLEOEDD SY'N SYLFAEN ENWAU PERSONOL

Pan ddechreuais i ymddiddori mewn enwau ar ôl sylweddoli cyfoeth enwau fy nghyfoedion yn Ynys-y-bwl, yr oedd yna un enw unigryw, fy nghefnder *Gurwyn*. Mae'n enw nad wyf wedi dod ar ei draws yn unman arall. Ei darddiad oedd y ffaith fod Wncwl Harri wedi gadael ei gartref yng *Ngwaencaegurwen* i weithio yn y pwll newydd. Yr oedd am gadw ei hunaniaeth a'i wreiddiau brodorol yn pentref newydd sbon, ond ni allai wneud hynny drwy enwi ei fab yn '*Gurwen*' rhaid iddo fod yn '*Gurwyn*'. Daeth yn glir wedyn bod hyn yn batrwm yn y pentref newydd, sef bod y glowyr oedd wedi symud o gefn gwlad yn arddel eu hunaniaeth yn yr enwau a roddent ar eu plant – (*Caer*)Myrddin; (*Aber*)Teifi; Meirion(*ydd*); (*Caer yn*)Arfon, (*Llan*)Tecwyn; (*Llan*)Egryn ac yn y blaen ac yn y blaen.

Yn y diwedd bûm yn cribo drwy fapiau'r Arolwg Ordnans (*Landranger 1:50,000*) yn chwilio am enwau naill ai'n seiliedig ar enwau'r wlad – nentydd, afonydd, cantrefi, mynyddoedd, ac enwau lleoedd yn seiliedig ar enwau personol, e.e. yr holl *Llannau* ynghlwm wrth enw sant.

Rwyf wedi rhestru'r cyfan, nid oherwydd eu bod yn cynnig enwau plant, ond oherwydd eu bod yn tystio i'r berthynas unigryw, Gymraeg, sy'n bodoli rhwng enwau Cymru (y wlad) ac enwau'r Cymry (y bobl).

Mae'r rhestr yn deillio o'r gyfrol *Y Llyfr Enwau: Enwau'r Wlad* lle y nodir manylion lleoliad ac awgrymiadau ynglŷn ag ystyr yr enwau.

Lewis, D. Geraint *Y Llyfr Enwau: Enwau'r Wlad : a check-list of Welsh place-names* Gomer 2007 e.e.

Caerfyrddin *enw lle* (SN4120)
    Caerfyrddin (sir)
    caer + *mori* [môr] + *dinum* [lle caerog]
    caer ger y môr
    fortress by the sea
    Carmarthen

Llanddwyn *bae* (SH3862)
    Môn (sir)
    llan + Dwynwen (santes)
    church of (saintess) Dwynwen

CYMRU A'R CYMRY

Enw Lle	Enw person
A	
Aberafan.	Afan
Aberangell	Angell
Aberannell	Ariannell
Aberbechan	Bechan/ Bethan
Aberceidiog	Ceidio: Ceidiog
Aberceiro	Ceiro: Ceirio: Ceirion
Abercynffig	Cynffig
Aberdaron	Daron: Daronwy
Aberdulais	Dulais
Aberddawan	Nawddan
Aber-erch	Barach
Abergwesyn	Gwesyn
Abergwynfi	Gwynfi
Abergwyngregyn	Bodfan
Abermenai	Menai
Abermeurig	Meurig
Aberpennar	Pennar
Abertanad	Tanad: Tanet

Afan	Afan
Afon Aeron	Aeron
Afon Alaw	Alaw
Afon Aled	Aled
Afon Alun	Alun
Afon Alwen	Alwen: Alwyn
Afon Berwyn	Berwyn
Afon Brenig	Brenig: Brennig
Afon Carno	Carno
Afon Carrog	Carrog
Afon Cefni	Cefni
Afon Ceidrych	Ceidrych
Afon Ceiriog	Ceiriog
Afon Ceri	Ceri
Afon Cledan	Cledan
Afon Cledwen	Cledwen: Cledwyn
Afon Cothi	Cothi
Afon Cyffin	Cyffin
Afon Cynon	Cynon: Cynan
Afon Dwyryd	Dwyryd
Afon Einon	Einon
Afon Elan	Elan
Afon Eleri	Eleri
Afon Fflur	Fflur
Afon Gronw	Gronw
Afon Gwawr	Gwawr
Afon Gwendraeth	Gwendraeth
Afon Gwesyn	Gwesyn
Afon Gwili	Gwili
Afon Hawen	Hawen
Afon Irfon	Irfon
Afon Marlais	Marlais: Morlais
Afon Ogwen	Ogwen
Afon Peris	Peris
Afon Prysor	Prysor

Afon Tawe	Tawe
Afon Teifi	Teifi
Afon Tyleri	Tyleri: Teleri
Afon Tyweli	Tyweli
Afon Tywi	Tywi
Afon Wyre	Wyre
Arfon	Arfon
Arwystli	Arwystl

B

Bedwellte	Mellteu
Betws Gwerful Goch	Gwerful: Gwerfyl
Betws Leucu	Lleucu
Blaen Ochram	Ogrfan
Blaen Pedran	Pedran
Bodafon	Mawan
Bodelwyddan	Elwydd
Bodfael	Mael
Bodfari	Diheufyr
Bodferin	Merin: Meryn
Bodfuan	Buan
Bodwrog	Gwrog
Bodwrog	Mwrog
Botwnnog	Tywynnog
Bronllys	Brwyn
Brycheiniog	Brychan
Brynberian	Berian
Brynengan	Einion

C

Cader Idris	Idris
Caereinion	Einion
Caerfyrddin	Myrddin
Caer-Gai	Cai: Cei
Caergybi	Cybi

Caerllion	Llion
Caerloyw	Gloyw
Caerwedros	Gwedros
Caerwrangon	Gwrangon
Cain	Machen
Capel Gwenddydd	Gwenddydd
Capel Gwenfyl	Gwenfyl
Capel Gwladus	Gwladus: Gwladys
Capel Heilin	Heilin: Heilyn
Capel Llanlluan	Lluan: Llian
Carn Fadrun	Madrun
Carnhedryn	Edren
Castell Heinif	Heini
Castell Maelor	Maelor
Ceinwry	Ceinwen
Ceredigion	Ceredig
Ceri	Ceri
Cetheiniog	Cathen
Cilcain	Cain
Cilgeran	Garan
Clun	Colun
Clydau	Clydai
Coedcanlas	Cynlas: Cynlais
Creigfor	Môr
Crugiau Edryd	Edryd
Cwm Berach	Barach
Cwm Cawlwyd	Caw
Cwm Erfin	Erfyn
Cwm Fawen	Mawan
Cwm Silyn	Silin: Silyn: Sulyn
Cwm Terwyn	Terwyn
Cyfeiliog	Cyfeiliog
Cynon	Cynan: Cynon
Cynwyl Elfed	Cynwyl
Cynwyl Gaeo	Cynwyl

D

Dogfeiling	Dogfael
Dolarddun	Arddun
Dolfor	Môr
Dolwyddelan	Gwyddelan
Dyfed	
Dyffryn Ceidrych	Ceidrych

E

Edeirnion	Edern
Edeligion	Edelig
Eglwysilan	Ilan
Eifionydd	Eifion
Einion	
Eiriannell	Ariannell
Emlyn	Emlyn

F

Felin Gwnda	Gwyndaf
Ffynnon Dalis,	Dalis
Ffynnon Non	Non
Foel Fenlli	Benlli

G

Garn Fadrun	Modron
Garthewin	Deheuwaint
Garthwynion	Gwynion
Glansefin	Sefin
Glyn Ceiriog	Ceiriog
Glynarthen	Arthen
Glywysing	Glywys
Grannell	Ariannell
Gwaencaegurwen.	Gurwyn
Gwalchmai	Gwalchmai
Gwnnws	Gwynnws

Gwrinydd	Gwrin
Gwrtheyrnion	Gwrtheyrn
Gwynedd	
Gwynionnydd	Gwynion
Gwynllŵg	Gwynllyw

H

Hafod Uchdryd	Uchdryd

Ll

Llan y Tair Mair	Anna
Llanafan	Afan
Llanallgo	Gallgo
Llanandras	Andras: Andreas
Llanarmon	Garmon
Llanasa	Asa
Llanawstl	Hawystl
Llanbabo	Pabo
Llanbadarn Fawr	Padarn
Llanbadarn Odwyn	Odwyn
Llanbeblig	Peblig
Llanbedrog	Pedrog
Llanberis	Peris
Llanbeulan	Peulan
Llanbradach	Bradach
Llandanwg	Tanwg
Llanddaniel-fab	Deiniolen
Llanddeiniol	Deiniol
Llanddeiniolen	Deiniolen
Llandderfel	Derfel
Llanddeti	Dedyw
Llanddingad	Dingad
Llanddoged	Cedig
Llanddoged.	Doged
Llanddona	Dona

Llanddunwyd	Dunwyd
Llanddwyn	Dwynwen
Llanddwywe	Dwywe
Llanddyfnan	Dyfnan
Llandecwyn	Tecwyn: Tegwyn
Llandegai	Tygái
Llandegfan	Tegfan
Llandegfedd	Tegfedd
Llandegla	Tegla
Llandegwel	Tegwel
Llandeilo Fawr	Teilo
Llandoche	Dochau: Docgwyn
Llandrillo-yn-Rhos	Trillo
Llandudno	Tudno
Llandudwen	Tudwen
Llandudwg	Tudwg
Llandwrog	Gwrog
Llandwrog	Twrog
Llandybie	Tybïe
Llandyfaelog	Maelog
Llandyfaelog	Tyfaelog
Llandyfái	Tyfái
Llandyfân	Maen
Llandyfeisant	Tyfái
Llandyfrïog	Briog
Llandyfrïog	Tyfrïog
Llandyfrydog	Tyfrydog
Llandygwydd	Tygwy
Llandysul	Tysul
Llandywnnin	Gwynnin
Llanedi	Edi
Llanedwen	Edwen
Llanefydd	Nefydd
Llanegryn	Egryn
Llanegwad	Egwad

Llaneilian	Eilian: Elian
Llaneirwg'	Lleirwg
Llaneithir	Eithir
Llanelidan	Elidan
Llanelli	Elli
Llanelyw	Elyw
Llanenddwyn	Dwynwen
Llanenddwyn	Enddwyn
Llanengan	Einion
Llanerfyl	Erfyl
Llanerthyl	Efrddyl
Llaneuddog	Euddog: Euddogwy
Llaneugrad	Eugrad
Llanfable	Mabli: Mable
Llanfaches	Maches
Llanfachreth	Machreth: Machraeth
Llanfadog	Madog
Llanfaelrhys	Maelrhys
Llanfaethlu	Maethlu
Llanfaglan	Baglan
Llanfair Llwythyfnwg	Dyfnog
Llanfallteg	Mallteg
Llanfarach	Barach
Llanfarchell	Marchell
Llanfechell	Mechell: Mechyll
Llanfeugan	Meugan
Llanfihangel	Mihangel
Llanfihangel Glyn Myfyr	Myfyr
Llanfihangel Tref Geirio	Ceiro: Ceirio: Ceirion
Llanfilo	Beilo
Llanfrothen	Brothen
Llanfwrog	Gwrog
Llanfwrog	Mwrog
Llanfyllin	Myllin
Llanfyrnach	Brynach

Llangadfan	Cadfan
Llangadog	Cadog
Llangadwaladr	Cadwaladr
Llangaffo	Caffo
Llangain	Cain
Llan-gan	Canna
Llanganna	Canna
Llangarren	Garan
Llangathen	Cathen
Llangedwyn	Cedwyn
Llangeidio	Ceidio: Ceidiog
Llangeinwen	Ceinwen
Llangeinwr	Cain
Llangeitho	Ceitho
Llangeler	Celer
Llangennech	Cennech
Llangennydd	Cennydd
Llangïan	Cian
Llangiwa	Ciwa
Llanglydwen	Clydwen
Llangollen	Collen
Llangrannog	Carannog: Crannog
Llangrannog	Crannog
Llangristiolus	Cristiolus
Llangurig	Curig
Llangwnnadl	Gwynhoedl
Llangwyfan	Cwyfan
Llangwyllog	Cwyllog
Llangwynio	Gwynio
Llangybi	Cybi
Llangyfelach	Cyfelach
Llangyfiw	Cynfyw
Llangyndeyrn	Cyndeyrn
Llangynfarch	Cynfarch
Llangynfelyn	Cynfelyn

Llangynfran	Cynfran
Llangynfwr	Cynfwr
Llangyngar	Cyngar
Llangynhafal	Cynhafal
Llangynheiddon	Cynheiddon
Llangynin	Cynin
Llangynllo	Cynllo
Llangynnwr	Cynnwr
Llangynwalan	Cynwal
Llangynwyd Fawr	Cynwyd
Llangynyw	Cynfyw
Llangywer	Cywair
Llanhywel	Hywel
Llanidan	Nidan
Llaniestyn	Iestyn
Llanigon	Eigion
Llanilar	Ilar
Llanilid	Ilid: Ilud
Llanilltern	Elldeyrn
Llaniltud Fawr	Illtud
Llanina	Ina
Llanllawddog	Llawddog
Llanllawen	Llawen
Llanllawen	Llewen
Llanllechid	Llechid
Llanllibio	Llibio
Llanllwchaearn	Llwchaearn
Llanllwni	Llwni
Llanllŷr	Llŷr
Llanllywel	Llywel
Llan-non	Non
Llanrhian	Rhian
Llanrhidian	Rhidian: Rhydian
Llanrhuddlad	Rhuddlad
Llanrhwydrys	Rhwydrys

Llanrhystud	Rhystud
Llanrwst	Gwrwst
Llanrychwyn	Rhychwyn
Llansamlet	Samlet
Llansanffraid	Ffraid
Llansannan	Sannan
Llansawel	Sawel
Llanstinan	Stinan
Llantarnam	Teyrnon
Llanwddyn	Gwddyn
Llanwenarth	Gwenarth
Llanwenllwyfo	Gwenllwyfo
Llanwnda	Gwyndaf
Llanwnnen	Gwynnen
Llanwnnog	Gwynnog
Llanwnnws	Gwnnws: Gwynws
Llanwnnws	Gwynnws
Llanwrfaeth	Gwrfaeth
Llanwrin	Gwrin
Llanwrthwl	Gwrthwl
Llanwyddelan	Gwyddelan
Llanwynell	Gwynnell: Gwynell
Llanwynno	Gwynno: Gwynio
Llanwynoro	Gwynoro
Llanwytherin	Gwytherin
Llanynghenedl	Enghenedl
Llawhaden	Aeddan
Llechgynfarwy	Cynfarwy
Llechylched	Ylched
Llowes	Llywes
Llwyneliddon	Eliddon
Llyn Celyn	Celyn
Llyn Geirionnydd.	Ceiro: Ceirio: Ceirion
Llyn Tegid	Tegid
Llynnau Mymbyr	Mymbyr

Llys Edwin	Edwin: Edwyn
Llysfaen	Maen
Llysgwrinydd	Gwrin
Llystynwynnan	Gwynnan

M

Mabudrud	Udrud
Machen	Cain
Machynlleth	Cynllaith
Maelienydd	Mael
Maenor Bŷr	Pŷr
Maenorwynno	Gwynno: Gwynio
Maentwrog	Gwrog
Maentwrog	Twrog
Mawddach	Mawdd
Mawddwy	Mawdd
Mefenydd	Mawan
Meiriadog	Meriadoc
Meirionnydd	Meirion
Meliden	Melydyn: Meliden
Merthyr Clydog	Clydog
Merthyr Dyfan	Dyfan
Merthyr Tudful	Tudful: Tudfil: Tudfyl
Moel Cadwgan	Cadwgan: Cadwgon
Môn	
Morgannwg	Morgan
Mynyddcynffig	Cynffig
Mynyddislwyn	Islwyn

N

Nant Caeach	Caeach
Nancwnlle	Gwynlleu
Nant Ffrancon	Ffrancon
Nant Gwrtheyrn	Gwrtheyrn
Nant Maelogan	Maelog

Nant y Gwryd	Cai: Cei
Nantcol	Coel
Nant Rhydwen	Rhydwen

P

Pantasa	Asa
Pebidiog	Pebid
Penarlâg	Alâog
Penmachno	Machno
Pennant Melangell	Melangell
Peuliniog	Peulin
Pont Dronwy	Daron: Daronwy
Pontyclun	Colun
Porth Lisgi	Llisgi
Porthaethwy.	Aethwy
Preseli	Prys

Rh

Rhieinwg	Rhain
Rhiwabon	Mabon
Rhodogeidio	Ceidio: Ceidiog
Rhoslannog	Glannog
Rhosneigr	Yneigr
Rhufoniog	Rhufawn: Rhufon

S

Sain Tathan	Tathan
Sarn Mellteyrn	Mellteyrn
Silian	Silian
Skewen	Ciwa
St. Dogmael's	Dogfael

T

Talieisn	Taliesin
Tarren	Darren

Tegryn	Tegryn
Trallwng Elgan	Elgan
Trearddur	Arddur
Trecenydd	Cennydd
Tredegyr	Tegyr
Tredelerch	Telerch
Trefaldwyn	Maldwyn
Tre-feilyr	Meilir: Meilyr
Trefelgarn	Elgar
Trefilan	Ilan
Tregaian	Caian
Tregynin	Cynin
Tregynon	Cynon: Cynan
Trehopcyn	Hopcyn
Trelystan	Elystan
Tudur Trefor	Tudur
Twrcelyn	Celyn

Y

Ynys Afallach	Afallach: Afallon
Ynys Gedwyn.	Cedwyn
Ynys Seiriol	Seiriol
Ynys Tyfannog	Tyfannog
Ynyscynhaearn	Cynhaearn
Ysbyty Ifan	Ifan
Ystrad Fflur	Fflur
Ystrad Meurig	Meurig
Ystradgynlais	Cynlas: Cynlais
Ystradyfodwg	Tyfodwg

ATODIAD

LLYSENWAU YNYS-Y-BWL

Yn 1885, darganfu David Davies Llandinam waddod o lo yng Nghwm Clydach. Dros nos bron codwyd pentref newydd i gartrefu'r llu o weithwyr y byddai eu hangen i godi glo o bwll newydd y *Lady Windsor.*

Daeth y gweithwyr cyntaf o gefn gwlad Cymru ac yn eu plith oedd fy nhad-cu Jonathan Thomas, saer coed a aned yn Nhresaith Ceredigion. Cyfaill pennaf dad-cu oedd John E. Morgan, cyfoeswr iddo ac ysgrifennydd cyntaf Cyfrinfa'r Pwll (ffurf gynnar ar undeb y glowyr). Yn eu hen ddyddiau byddai'r ddau gyfaill yn dod at ei gilydd i hela atgofion am y dyddiau cynnar, ac yn fwyaf penodol am y llysenwau a roddwyd i weithwyr y pwll a'r pentref.

Rhaid cofio nad oedd neb ar yr adeg honno yn enedigol o Ynys-y-bwl, yr oedd y gweithwyr i gyd wedi llifo mewn o bob rhan o Gymru. Gyda llu o John Jones, William Williams, David Davies Efan Evans ac ati. Rhaid oedd cael modd i wahaniaethu rhyngddyn nhw i gyd.

Dyma'r rheswm y tu ôl i ddatblygiad llysenwau'r cymoedd glofaol. Po fwyaf trawiadol neu ddoniol yr enw, po fwyaf cofiadwy.

Oherwydd bod y ddau hynafgwr yn drwm eu clyw bu fy modryb Sara Ann yn cofnodi'r enwau er mwyn iddyn nhw allu eu rhannu. Etifeddais i y rhestr a dyma hi.

Yr oeddem ni, blant y pentref, yn meddwl mai cyfenwau oedd y rhain, ac rwy'n cofio'n chwaer yn cael gwybod yn ddi-flewyn-ar-dafod nad Mr Minty oedd cyfenw Sioni Minty (a gadwai siop losin) ac nid Mr Lampy oedd Gwilym Lampy.

Yr oedd cyfnod pan nad oedd modd ysgrifennu unrhyw

beth poblogaidd am gymoedd glofaol y De heb lwyth o ffugenwau a rheiny'n ystrydebol, gydag ambell awdur fel Gwyn Thomas (y Rhondda), yn ymhyfrydu yn eu gallu i greu rhai newydd fel yr arwerthwr enwog Dilwyn John *the Going Gone*, ac yn Gymraeg, Glyn *Cysgod Angau* William Ashton.

Ond mae'r dyddiau hynny wedi mynd, mae'r pyllau wedi cau, a'r hyn sydd yn fy nharo heddiw, yw nad yw trigolion presennol y cymoedd yn gwybod nac ystyr nac ergyd y llysenwau hyn hyd yn oed os ydyn nhw'n eu cofio nhw.

Ceir darlun o'r Ynys-y-bwl cynnar yng nghyfrol J. J. Williams *Straeon y Gilfach Ddu* 'a ysgrifennwyd mwy o'r cof nag o'r dychymyg' ac yntau yn un o'r mewnfudwyr o gefn gwlad Sir Aberteifi yn gweithio ym mhwll y *Lady Windsor*.

Y LLYSENWAU

RHAI YN DANGOS O BA LE Y DAETH Y PERSON

Shoni Aberdâr	Glyn Cymoco (Cwm Ogwr)
Ianto'r Allt-ddu	Evan Cwmpella
Shoni Boncero (?)	Dai Denbigh
Tom Davies Bristol	Tommy Devon
Owen Jones Caernarfon	Ned Glynmynach
Shoni, Abram, a Wil Cardi	Tomi'r Graig (*Graig Wen* Pontypridd)
Davies' Cardi-bach	
Carno Morgan	Dick Holyhead
John Rees Cilgerran	Joe Irish
John a Tom Davies Cockney	Edward Davies Llanidloes
Ianto Cwmaman	Shoni Machynlleth

Shoni 'Merica
(oedd wedi bod yn America, ac yn ôl yr hanes wedi bod mewn rhyw fath o gysylltiad gyda'r 'gangsters' yno).

Twm Mardy

Twm Penlan

Shoni Penparc

Tom Pig
(yr oedd unrhyw un oedd yn dod o sir Benfro yn cael yr enw 'pig')

Dan Pontypridd

Tom Jones Prysg
(fferm yn y Rhondda)

Jac Sais

Ben, Dai a Bob 'Shifôn' (Sir Fôn)

Dai Sosban (o Lanelli)

Arthur Swansea

Twm Tairhewl

Evan Davies Towyn

Bob Tredegar

Mrs Davies Treorchy

Evans Tylafarch
(enw fferm)

Twm Tynewydd
(enw fferm)

Wil y Foelallt

LLYSENWAU YN DYNODI GWAITH Y PERSON

Glyn Asid
oedd yn gyfrifol am sicrhau lefel yr asid yn y lampau trydan a ddefnyddid dan ddaear

Dai Baltic
enw un o'r haenau glo yn y pwll

Shoni Ben Pwll
a weithiai ar ben y pwll nid tan ddaear

Bili Bomper
gyrrai injan a 'bumpers' arni.

Jones Butteraneggs
gweithiai mewn siop fwyd ac ni fyddai neb yn cael gadael heb ateb y cwestiwn a roes iddo ei lysenw

Ianto Bwtsh a **Tom Bwtsh**
cigyddion

John Davies Cerddor

Johnny Check
swyddog ar ben pwll oedd y
'checkweigher', a sicrhai faint
o lo a dorrwyd gan y glöwyr.

Jack Thomas Chico
cadwai ffowls.

Ianto Chips

Dick Curalene
eli lleol oedd Curalene, '*a
wellai bob clefyd ond clefyd y
galon*'

Dinna Car y Baw
dyfalu mai dram gwared baw y
gwaith glo a geir yma

Johnny D.L.
a weithiai i'r siop groser D.L.
James

Dai Dirty Dusters
(mwy diweddar) cywirwr ceir

Ned Dŵr
a weithiai mewn lle gwlyb

Eryr Glan Gwawr
enw barddol John Williams,
'John Check' uchod

Dai a John Jones Ffowls

Rhys y Gof

William Jones Green Peas
gwerthwr llysiau a deithiai'r
strydoedd gyda'i alwad
arbennig

Gunner Wall
bu'n filwr

Buster Hatch
paffiwr

Wil Iodine
gŵr Cymorth Cyntaf

Dai Keeper
gweithiai fel 'keeper' rhan
amser i'r Glog (Plasty lleol)

Shoni Kill a Pig
roedd e'n cadw moch a dyma'i
esgus parhaus pe bai'n colli
gwaith

John Laga Naw
mae laga naw yn cyfeirio at y
trawstau pren naw modfedd o
drwch a ddefyddid i gynnal
to'r gweithle dan ddaear.

Gwilym Lampy
a weithiai yn y man y cadwyd
y lampau a ddefnyddid dan
ddaear

Shoni Machine

William Evans y Maer

Dai Minty
perchennog siop losin

David Evans Mochwr

Jack the Navvy
a fu'n gweithio ym mhwll y 'Deep Navigation'

Billy Onetune
a ganai'r piano yn y pictiwrs cyn dyfodiad ffilmiau sain. Nid oedd ei fab yn chwarae'r piano, eto fe'i hadnabuwyd fel **Tomi Onetune.**

Peter Pop
gwerthai'r ddiod 'pop' o gwmpas y strydoedd

Johnny Pups
magai gŵn

Pwyswr Bach
y gŵr ar ben pwll a bwysai faint o lo oedd mewn dram ar ran o glowyr, *Johnny Check* a bwysai ar ran y perchenogion

Roberts Sand y Môr
dyma'r gŵr a deithiai'r strydoedd gyda'i geffyl a'i gart yn gwerthu tywod i'r gwragedd ar gyfer glanhau stepen y drws. Didoreth ar y naw oedd gwraig na chadwai'i stepen drws yn lân.

Shoni Siopwr

Jimmy Small-coal
rhan o gyflog y glöwr oedd hyn a hyn o lwythi o lo a fyddai' cael eu gollwng yn y gwli y tu ôl y tŷ, neu weithiau ar yr heol o flaen y tŷ. Wedi cario'r glo i'r cwtsh glo, fe fyddai wastad peth glo mân ar ôl, a lloffa'r glo mân yma y byddai Jimmy.

Tom Soljwr
a fu'n aelod o'r fyddin

Dai Sporty
ciper rhan amser plasty'r Glôg, yr un un â Dai Keeper

Dai Sbaddwr

Jack Sweep
a lanhâi simneiau

Shoni Teilwr

Dick Whipa Din
y gŵr â chyfrifoldeb i sicrhau bod plant yn mynychu'r ysgol, dyma'i waedd pe ddeuai ar hyd i ryw druan nad oedd yn yr ysgol 'the Whipper-in'.

Llysenwau yn seiliedig ar briodoleddau arbennig

George Apollos
gŵr a ymhyfrydai yn ei gorff
cydnerth,

Twm yr Asgwrn

Thomas Bach
groser arall yn y pentref

John Bachan Budr
tipyn o dderyn
*yn fidir. Mae 'bidr' Morgannwg
yn cyfateb i 'garw' y Gogledd

Mari Back Kitchen

John Baco'r Nef
un hoff o'i bib

Tommy Bacon

John Bad English
Cymro uniaith o'r Gogledd.
Mae stori yn y teulu ei fod
eisiau tocyn trên
    *'I want a ticket for she and
me, back and front' (return).*
    'To where?' daeth y cwestiwn.
    *'Mind your business' daeth
yr ateb.

Dai Bandy
coesgam

Dai Bara Bwnji
â chorff fel torth sgwâr o fara

Wil Bara-jam
ei docyn gwaith efallai

Mrs Jones Bara Menyn
*Dywedir am un brodor, pan
ofynnwyd iddo gan ddyn dieithr
a oedd e'n nabod rhyw David
Jones, bod cynifer o David
Jonesiaid yn y pentref nid oedd
yn gwybod ble i ddechrau.*
    *Rwy'n credu meddai'r
dieithryn maen nhw'n ei alw yn
Dai Bara Menyn.*
    *Oh, fi yw hwnna meddai'r
brodor – shwd mae.*

Wil Better Mate

Jack Black

Dai Blinker
yr oedd rhywbeth yn bod ar
lygad Dai

Dai Bobby
plismon – Robert (Bobby) Peel,
sylfaenydd y *Bow Street Runners*

Shoni Bouncer

Dai Bricko
yr oedd yn byw yn y tai
newydd a rhes o friciau rownd
y drws ffrynt

Wil Bron Sythu

Charlie Bungalow
doedd ganddo ddim lan stâr

Buster Hatch
paffiwr

Joe Bwgi-bo

Ianto Canary
roedd ganddo lais canu pert iawn.
Byddai pethau yn mynd yn drech ar Ianto bob hyn a hyn, a'i ateb oedd i ddianc o'r lle. Ond, chwarae teg byddai Ianto, bob tro yn mynd a'i ffowls gydag ef. Mae yna dystion yn y pentre sy'n tyngu eu bod wedi gweld ffowls Ianto yn gorwedd ar eu cefnau gyda'u coesau yn yr awyr yn barod i gael eu rhwymo, a'u cludo i ffwrdd.

Jimmy Candles
yr oedd ei drwyn bob tro yn rhedeg (meddyliwch am wêr cannwyll!)

Shoni Cannon
a bonny attacker --- against the Liberal speakers [ar adeg etholiad]

Evans Cardi Caws

Shoni Ceiliog

John Dafis Cerddor

Lisa Clocs

Billy a Tom Thomas Cochyn
y ddau â gwallt coch

Evans y Coesa

Wil a Dic Come-up

Mari Copa Tin
Mae ymadrodd tebyg yn y Gogledd am wraig ffroenuchel

Mrs Jones Cornerhouse

Francis Cos Brwsh

Dai Crachan
crachen

Ianto Crackshovel

Will John Dinger

Bob Doctor
gwyddai cryn dipyn am anhwylderau

Morgan Double-power
Morgan Morgan.

Dai Dwl

John English Cause
mynychai gapel Saesneg

Eryr Glan Gwawr
John Williams was quite a versatile individual. He was known in bardic circles as 'Eryr Glan Gwawr' and was a lay preacher. --- Some years afterwards he was elected M.P. for the Gower division.

Wil Farmer

Joe Ffagots

Dai Fat
(rhagor na Fat Dai yn Saesneg)

Dic Fawr y Wraig

Ianto Ffwl Pelt

Tommy Fossil

Friswith
enw merch sy'n ymddangos yn ddigon aml yng nghofnodion y plwyf i'w wneud yn nodweddiadol

Alby and Arthur Ginger

Ianto Glatsien
un yn bygwth 'rhoi clatsien' rownd abowt

Jimmy Glory
cefnogwr selog o'r 'Gospel Hall'

Billy Gwdboi
gwdboi oedd enw unrhyw un y siaradai â nhw 'Nawr gwranda ma gwdboi!'

Iesu Grist Bach

William Williams Gwallt Gwyn

Shoni Gwladys
Shoni a oedd a'i lond o ofn ei wraig frawychus Gwladys

Evan Gŵr Gwraig

Wil Howbeestie
tybed ai hanner Cymraeg hanner Saesneg 'How + buest ti'?

Ianto Hyphen
Evan Rhys-Griffiths

Dai Jinks
(David Jenkins)

Jockey Morgan
dyn bach

Joe Lady

Mrs Davies Lampost
yr oedd ganddi bostyn o flaen ei chartref hi, yn wahanol i bob Mrs Davies arall

Danny Lanky

Tom Lap
yr oedd yn hoff iawn o deisen lap yn ei focs bwyd

John Laplap
siaradwr di-dor

Lisa Lastig

Jack Left
Comiwnydd

Tommy Life

Dicky Lightning
gŵr pwyllog ac araf yn ei holl ffyrdd

Dai Llaw Bwt
llaw chwith

Tom Llosg
*Mr Thomas Davies, his face
having been badly burnt in a pit
explosion*

Lewsyn Llygad Lark

Long Dan

Ianto Lucky
eto rhagor na Lucky Ianto

Dai Main
gŵr tenau

Dai Naill Fraich
a chanddo ond un fraich

John No Coal

Billy Nobs

Billy Nuts
byddai'n cwyno 'I don't want
a ton of fruit, only a few nuts'

Dai Pepper

Pennigy Pipe

Picture Smith

Plentyn Duw

John Pregethwr

Tom Pwrffelo
ymadrodd a ddefnyddiai yn
fynych

Dai Rambler

John Davies Rheumatic

Bob the Runner

Dic Sara

Will Salvation
ef oedd yn cario'r faner i
Fyddin yr Iachawdwriaeth

Sbarcyn Bach yr Uffern
mae hwn yn swnio dipyn o
gymeriad.

Rachel Scratch

Will Sgothwr
'*Scothi celwyddau*' celwyddgi a
dyn garw ei ffordd

George Shân
enw ei wraig

Slasher Hughes
'slasiwr' dyn tal, cydnerth

Ernie Smiler
roedd e'n cwyno am bopeth

John Snowball

Will Hughes Sound Man
ymadrodd a ddefnyddiai yn
fynych

Harry Step-and-fetch-it
ymadrodd arall

John Sunday Clothes

Dai Teddy Bear

Tommy Teisen wheel
byddai ei fam yn sicrhau y byddai ganddo bice yn ei focs bwyd

Ianto the Terror
cymar Saesneg Sbarcyn bach yr Uffern

Ernie Thruppence

Trigger Hatch

Ted Tuppence

Dic Trwyn

Billy Twicey
William Williams

Twt Hughes
stocyn byr, sgwâr, cryf

Dai Whistl Dun
dyn â llais bach main.

Wtar Pendarran
'the Pendarren Hooter!!'

Cofnod ysgafn am ddynion a weithiai mewn llefydd uffernol. Aeth fy nhad, a weithiodd dan ddaear am 50 mlynedd, â mi i lawr y pwll ar ddydd Sul pan nad oedd neb yn gweithio. Yr oedd y cyfan yn dawel, yn wyn gyda'r powdwr a ddefnyddiwyd i gadw'r nwy ffrwydrol rhag ymgasglu – ac yn frawychus. Coffa da am

Arwyr glew o erwau'r glo

gan yr un awdur

Casgliad o ddiarhebion o wledydd
a diwylliannau o gwmpas y byd

www.carreg-gwalch.cymru